Bitte diese Seite falten und das Magazin erneut schließen.

D1618309

WAS DIE AUGSBURGER KAUFLEUTE RICHTIG MACHTEN.

Auf den Spuren der Fugger und Welser.

WELCHE FAKTOREN BEGÜNSTIGEN DEN ERFOLG?

Eine
ERFOLGS-GESCHICHTE
und ihre
HINTERGRÜNDE.

FUGGER HEUTE

Allein der Name ist schon ein verpflichtendes Erbe. Im Gespräch mit einem Nachfahren: Alexander Graf Fugger von Babenhausen.

DIE HANDELSGENIES

Geschicktes Agieren brachte den Augsburger Kaufmannsfamilien unermesslichen Reichtum und Einfluss.

EDITORIAL

Liebe Leserinnen, liebe Leser,

warum ein Museum für die Fugger und Welser? Und was heißt Erlebnismuseum? Kurz und knapp: Die große Zeit der Augsburger Fugger und Welser lag zwischen 1490 und 1600. An diese Familien im »goldenen Augsburg der Renaissance« erinnerte in Augsburg aber bisher kein eigenes Museum. Zwei Museen in der Fuggerei befassen sich speziell mit der ältesten Sozialsiedlung der Welt.

Augsburg hat zwar eine glanzvolle Museumslandschaft und viele Sehenswürdigkeiten der Fugger und Welser zu bieten, doch mit dem Fugger und Welser Erlebnismuseum wollen wir neue Wege gehen und nicht mit Exponaten, sondern mit innovativem Storytelling die Geschichte dieser großen Familien beleuchten.

Sie werden überrascht sein, wie zeitgemäß Geschichte erzählt werden kann.

Götz Beck
Tourismusdirektor

Liebe Leserinnen, liebe Leser,

der Aufstieg der Fugger und Welser in Augsburg ist sagenhaft. Das Rad, das die großen Strategen in der frühen Neuzeit drehten, ringt uns noch heute Bewunderung ab. Können wir etwas von den Fuggern und Welsern lernen? Die Beschäftigung mit der Geschichte der großen Augsburger Handelshäuser lohnt sich auf jeden Fall.

Das Fugger und Welser Erlebnismuseum ist ein Ort, der dies auf einzigartige Weise ermöglicht: interaktiv, spielerisch, spannend. Mit diesem Magazin laden wir Sie ein – zum Vertiefen der Museumsinhalte, zum Nacherleben, zum Weiterdenken.

Viel Spaß beim Lesen und beim Betrachten wünscht Ihnen

Ihre Tatendrang-Redaktion
Ingrid Erne, Robert M. Kienlein, Carina Orschulko, Ilja Sallacz, Heike Siebert, Heinz Walch

ERLEBNISORT FÜR GROSS UND KLEIN.

So spannend kann Geschichte sein: Das Fugger und Welser Erlebnismuseum erzählt von der Bedeutung Augsburgs im 16. Jahrhundert und seinen berühmten Handelshäusern.

AUSGEZEICHNET!

Das Fugger und Welser Erlebnismuseum wurde bei den European Design Awards 2015 ausgezeichnet: Für die Szenographie und die Installationen, entwickelt von der LIQUID | Agentur für Gestaltung, gab es Bronze in der Kategorie Exhibition Design. Die Preisverleihung fand am 23. Mai in Istanbul statt. Die internationale Jury zeichnet jährlich das beste Kommunikationsdesign in ganz Europa aus.

Darüber hinaus wurde das Museum für den German Design Award 2016 nominiert.

GLOBAL

MARKET

Über die Grenzen der eigenen Nation hinaus agieren, neue Märkte erobern, internationale Verflechtungen schaffen – was etwa seit den 1980er Jahren als »Globalisierung« bezeichnet wird, gab es auch schon im ausgehenden Mittelalter.

So bauten die Augsburger Kaufmannsfamilien Fugger und Welser im 15. Jahrhundert über Jahrzehnte hinweg ein weltweites Handels- und Finanzimperium auf. Was mit dem Import von Baumwolle aus Syrien und Ägypten begann, setzte sich mit dem Gewürz- und Edelmetall- handel mit Indien und Indonesien fort.

Durch den technischen Fortschritt ist die Welt heute enger denn je zusammengerückt. Der internationale Kapital- und Warenverkehr hat sich vervielfacht. Allein zwischen 1960 und 2008 stieg der weltweit erfasste Export um das 15-fache. Unternehmen handeln nicht nur mit allen Märkten, sie produzieren auch weltweit – mit Chancen, aber auch Risiken für die heimische Wirtschaft, etwa durch die Verlagerung von Arbeitsplätzen.

LINKS: *Kartenfragment der Weltkarte von Diego Ribeiro, 1530.*
RECHTS: *Hafen von Long Beach, Kalifornien.*

NET

Netze weben, wirtschaftliche und gesellschaftliche Verknüpfungen schaffen – darin waren die Fugger und Welser Meister.

Sie hatten Verbindungen zu allen wichtigen europäischen Handelszentren, traten an den maßgeblichen Finanzplätzen auf und waren unverzichtbare Kreditgeber für Kaiser und Könige.

Netzwerke sind heute nicht minder wichtig. Beziehungspflege dient nicht nur im privaten, sondern auch im politischen und wirtschaftlichen Leben dazu, sich gegenseitig zu unterstützen, zu kooperieren oder Informationen auszutauschen. Moderne Netzwerke heißen Berufsverband, Partei, Verein, Social Media-Plattform – also etwa Lions, Marketing-Club, Xing...

LINKS: *Flugverbindungen in Ostasien.*
RECHTS: *Darstellung des Augsburger Geschlechtertanzes.*

WORKING

Ottilia
lengin

Maria
Ridlerin

Anna
Berhin

Conrat
im Hoff

Regina
dutstin

luur
Rein

Mare
herwart

Jacob Fuggerin

plesich
Walter

Achilus Kling

licris

WIRELESS

Was heute als besonders praktisch und fortschrittlich gilt, nämlich durch »wireless IT« die kabelgebundene Kommunikation zu überwinden, das war im Zeitalter der Fugger und Welser selbstverständlich kein Thema. Die Schriftrolle, durch den Boten überbracht, brauchte kein Kabel, dafür oft viel Zeit und Mühe.

Der Buchdruck war zu Fugger und Welser-Zeiten bereits erfunden. Seither gab es gerade in der Kommunikationstechnologie bahnbrechende Entwicklungen, die in der Erfindung des Internets gipfelten. Kein Läufer, keine Pferdekutsche, kein Postbote ist mehr nötig: Informationen können *just in time* an jeden beliebigen Ort übermittelt werden. Ganz ohne Kabel.

LINKS: *Itinerar-Rolle mit Aufrollkurbelachse, 1520.*
Zeigt Verkehrswege mit Meilenangaben zwischen Süddeutschland und Antwerpen, Venedig, Neapel oder Paris.
RECHTS: *Kommunikationsmittel aus dem Jahr 2015.*

COMMU
NICATION

DIE HANDELS GENIES

Die Fugger und Welser in Augsburg

In der ersten Hälfte des 16. Jahrhunderts stiegen die Augsburger Kaufmannsfamilien Fugger und Welser zu den bedeutendsten Handelshäusern Europas auf. Ihre unermessliche Finanzkraft verschaffte ihnen enormen politischen Einfluss.

VON DR. WOLFGANG WALLENTA

Augsburg war im 16. Jahrhundert, dem Zeitalter der Renaissance, eine der größten und bedeutendsten Städte Mitteleuropas. In langwierigen Auseinandersetzungen mit den Bischöfen, die im Mittelalter die Stadtherren gewesen waren, hatten die Kaufleute und Handwerker mit Hilfe der deutschen Könige im 13. und 14. Jahrhundert den Status einer Reichsstadt für Augsburg erreicht. Ein großer Vorteil für die Entwicklung Augsburgs als Wirtschaftsmetropole war die Lage der Stadt an der Haupthandelsroute zwischen Venedig und den großen Städten Burgunds, Gent, Brügge und Antwerpen.

Exportschlager Barchent

Seit der Mitte des 14. Jahrhunderts wurde in der Stadt ein Textilprodukt hergestellt, das wesentlich zum wirtschaftlichen Aufstieg Augsburgs in der Zeit des Spätmittelalters beitrug: Barchent. Dieses Mischgewebe aus Leinen und Baumwolle war ein Exportschlager und machte die Stadt reich. 1385 stellten die Augsburger Weber schon 12.000 Stück Barchent her, 1466 zählte man 739 Meisterbetriebe. Leinen für den Barchentstoff wurde in Schwaben aus Flachs gewonnen, die Baumwolle hingegen musste eingeführt werden. Haupthandelspartner wurde hier Venedig, das die Baumwolle in riesigen Mengen aus Syrien und Ägypten nach Europa brachte.

LINKS: *Auf seinem Gemälde »Winter« (um 1550) hält Heinrich Vogtherr d. J. das bunte Markttreiben auf dem Augsburger Rathausplatz fest.*

Handwerker stürmten das Rathaus

Augsburg war im 14. Jahrhundert eine boomende Stadt. Und dieser Boom hatte auch schwerwiegende politische Folgen. Bis zum Jahr 1368 wurde die Stadt von den Patriziern regiert, im Herbst 1368 allerdings stürmten Handwerker das Rathaus und forderten eine Beteiligung an der politischen Macht. Diese *Zunftrevolution* von 1368 führte dazu, dass die 17 Zünfte der Stadt den politischen Kurs der Stadt für die nächsten 180 Jahre bestimmten, die Patrizier waren in die Defensive gedrängt worden. Sichtbares Zeichen der neuen Ordnung war, dass seit 1368 zwei Bürgermeister an der Spitze der Stadt standen: ein Bürgermeister aus den Reihen der Zünfte und ein Bürgermeister, der von den Patriziern gestellt wurde.

Ein Jahr vor diesem politischen Umsturz war 1367 ein Weber aus dem Dorf Graben, ca. 30 Kilometer südlich von Augsburg, in die boomende Reichsstadt gekommen, Hans Fugger der Alte. Mit der Ankunft dieses Fuggers beginnt eine der erstaunlichsten Firmenkarrieren der Geschichte.

Die Welser lassen sich schon viel früher in Augsburg nachweisen. Der erste quellenmäßig nachweisbare Welser in Augsburg erscheint in einer Urkunde des Jahres 1246. Ein gewisser Heinrich Welser bezeugt darin den Verkauf eines Grundstücks in Augsburg. Der erste Welser, der quellenmäßig gut gefasst werden kann, ist Bartholomäus Welser (um 1275 – 1334/6), der 1311, 1317, 1323 und 1329 zum Bürgermeister gewählt worden war. Ein Sohn dieses Bartholomäus, Hans Welser, gehörte dem Patrizierstand an, andere Welser waren als Kaufleute oder Goldschmiede tätig. Der Sohn dieses Hans Welsers, Bartholomäus (†1446), war ein erfolgreicher Kaufmann, der im Baumwoll- und Barchenthandel aktiv war. ☞

>>

AUGSBURG WAR IM 14. JAHRHUNDERT DIE BOOMENDE KRAFT.

<<

1459
MAXIMILIAN I. WIRD GEBOREN

1492
KOLUMBUS ENTDECKT AMERIKA

1453
TÜRKEN EROBERN KONSTANTINOPEL

UM 1450
GUTENBERG ERFINDET DEN BUCHDRUCK

1450

1486
MAXIMILIAN I. WIRD RÖMISCH-DEUTSCHER KÖNIG

1459
JAKOB FUGGER WIRD GEBOREN

1473
JAKOB FUGGER ALS 14-JÄHRIGER IN VENEDIG

1488
FUGGER GEBEN GROSSKREDIT
GEGEN TIROLER SILBER

1451
ANTON WELSER WIRD GEBOREN

1484
BARTHOLOMÄUS V. WELSER WIRD GEBOREN

1493
ANTON FUGGER WIRD GEBOREN

LINKS: *Ansicht von Augsburg in der »Schedel'schen Weltchronik« (um 1493).*

RECHTS: *Schnitt aus einer Bergbauszene aus dem Schwazer Bergbuch von 1554.*

Wurzeln im Barchent- und Baumwollhandel

Beide Familien, die Welser und die Fugger, hatten ihre wirtschaftlichen Wurzeln in Augsburg im Barchent- und Baumwollhandel, denn auch der 1367 nach Augsburg gekommene Hans Fugger war in diesem Geschäftsfeld aktiv. Die Welser stiegen ab der Mitte des 15. Jahrhunderts in den Gewürzhandel ein und importierten Pfeffer aus den Niederlanden und Safran aus L'Aquila in Mittelitalien. Der Safranhandel sollte lange Zeit ein wichtiges Standbein der wirtschaftlichen Aktivitäten der Welser sein.

Neben dem Textilhandel sollte es im 15. Jahrhundert auch in der weiteren wirtschaftlichen Entwicklung der Handelsgesellschaften der Fugger und Welser Parallelen geben.

Bergbau, das neue Geschäftsfeld

Im 15. Jahrhundert erlebte der Bergbau in Mitteleuropa eine Blütezeit. Kupfer, Silber, Gold, Blei und andere Metalle wurden mit großem technischem und finanziellem Aufwand aus der Erde geholt, eine rege Bergwerkskultur entstand. Die Augsburger Handelsfirmen erkannten die Bedeutung dieses neuen Geschäftsfeldes sehr früh. Die Welser

waren schon in den 1470er Jahren in der sächsischen Montanwirtschaft aktiv, die Fugger betrieben ab 1494 mit dem *ungarischen Handel* Bergbau in der heutigen Slowakei in großem Maßstab. Sie förderten in ihren Bergwerken in Neusohl (Slowakei) und Fuggerau (Kärnten) von 1494 bis 1547 Kupfer und andere Metalle. Allein in Neusohl förderten die Fugger in den Jahren zwischen 1526 bis 1529 267.000 Zentner Kupfer, wovon 163.000 Zentner nach Antwerpen gebracht wurden. Von dort wurde der Großteil dieses Kupfers nach Lissabon und weiter nach Indien gebracht, wo es gegen Gewürze eingetauscht wurde. In Tirol unterhielten die Fugger große Silberbergwerke, im Salzburger Raum Goldbergwerke.

Gemeinsam war beiden Handelsunternehmen, dass sie in den wichtigsten europäischen Metropolen präsent waren – entweder, indem sie Handelskontakte mit Firmen in diesen Städten unterhielten oder Filialen dort einrichteten. Unter Bartholomäus IV. Welser (†1484) hatten die Welser Kontakt mit Firmen in Städten wie Brügge, Rom, Wien oder Saragossa.

Seit den 1470er Jahren bauten die Gebrüder Ulrich, Georg und Jakob Fugger ein ähnliches Netz an Kontakten und Handelsniederlassungen auf, das schließlich in der ersten Hälfte des 16. Jahrhunderts so dicht wurde, dass es in der Zeit um 1530 keine größere europäische Stadt gab, in der nicht eine Fugger-Niederlassung existierte. ☞

UNTER BARTHOLOMÄUS IV. WELSER (†1484)
hatten die Welser Kontakt mit den wichtigsten europäischen Metropolen: Brügge, Bologna, Bergen-op-Zoom, Florenz, Frankfurt, Genf, Innsbruck, Köln, L'Aquila, Leipzig, Mailand, Mantua, Memmingen, Neapel, Nürnberg, Rom, Ulm, Venedig, Saragossa, Wien und Zwickau.

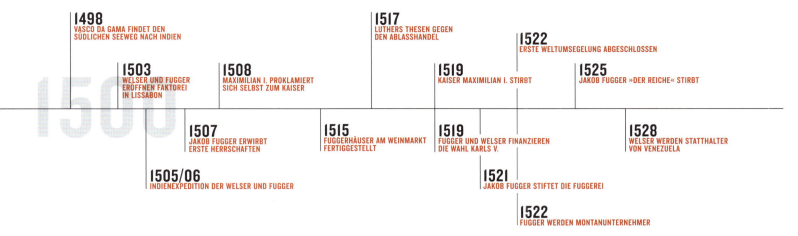

1498
VASCO DA GAMA FINDET DEN SÜDLICHEN SEEWEG NACH INDIEN

1503
WELSER UND FUGGER ERÖFFNEN FAKTOREI IN LISSABON

1508
MAXIMILIAN I. PROKLAMIERT SICH SELBST ZUM KAISER

1517
LUTHERS THESEN GEGEN DEN ABLASSHANDEL

1522
ERSTE WELTUMSEGELUNG ABGESCHLOSSEN

1519
KAISER MAXIMILIAN I. STIRBT

1525
JAKOB FUGGER »DER REICHE« STIRBT

1507
JAKOB FUGGER ERWIRBT ERSTE HERRSCHAFTEN

1515
FUGGERHÄUSER AM WEINMARKT FERTIGGESTELLT

1519
FUGGER UND WELSER FINANZIEREN DIE WAHL KARLS V.

1528
WELSER WERDEN STATTHALTER VON VENEZUELA

1505/06
INDIENEXPEDITION DER WELSER UND FUGGER

1521
JAKOB FUGGER STIFTET DIE FUGGEREI

1522
FUGGER WERDEN MONTANUNTERNEHMER

DIE AUGSBURGER ERKANNTEN SEHR FRÜH DIE BEDEUTUNG DES BERGBAUS.

Vom Handel zum Kreditgeschäft

Neben dem Textilhandel und den Aktivitäten im Montanwesen wurde sowohl bei den Fuggern als auch bei den Welsern am Ende des 15. Jahrhundert das Darlehens- und Kreditgeschäft immer bedeutender. Beide Unternehmen liehen Kaiser Maximilian I. und anderen Herrschern Geld, wobei die Welser auch intensive Kontakte zur französischen Krone pflegten. Beide Firmen waren aufs Engste mit den Habsburgern verbunden.

Mit Jakob Fugger dem Reichen (1459 – 1525) und Bartholomäus V. Welser (1484 – 1561) erreichten beide Handelshäuser eine Spitzenstellung in der Augsburger Wirtschaft. Obwohl es in der Reichsstadt noch zahlreiche andere national und international operierende Handelshäuser gab, stellten Fugger und Welser ab der ersten Hälfte des 16. Jahrhunderts die bedeutendsten Handelsfirmen.

Die Struktur der beiden Firmen war dabei sehr unterschiedlich. Während die Fugger ein straff organisierter Familienbetrieb mit einem *Regierer*, dem Firmenchef, an der Spitze waren, gab es bei den Welsern zahlreiche Teilhaber und eine sehr offene Konzernstruktur. Seit 1519 hatte sich bei den Welsern allerdings Bartholomäus V. als Führungsfigur durchgesetzt. ☞

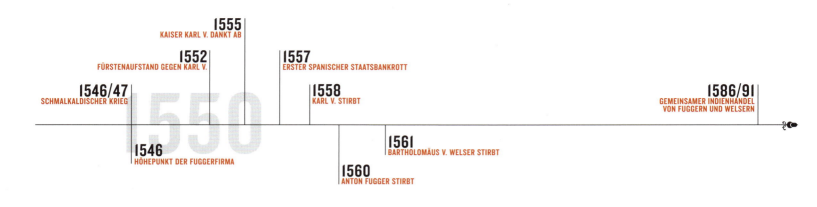

1555
KAISER KARL V. DANKT AB

1552
FÜRSTENAUFSTAND GEGEN KARL V.

1557
ERSTER SPANISCHER STAATSBANKROTT

1546/47
SCHMALKALDISCHER KRIEG

1558
KARL V. STIRBT

1586/91
GEMEINSAMER INDIENHANDEL
VON FUGGERN UND WELSERN

1550

1546
HÖHEPUNKT DER FUGGERFIRMA

1561
BARTHOLOMÄUS V. WELSER STIRBT

1560
ANTON FUGGER STIRBT

>>

BEIDE HANDELSHÄUSER WAREN IN DEN WICHTIGSTEN EUROPÄISCHEN METROPOLEN PRÄSENT.

<<

Die Goldene Schreibstube im Fuggerhaus am Rindermarkt aus dem
»Trachtenbuch« des Fuggerschen Buchhalters Matthäus Schwarz.

**DIE WICHTIGSTEN
FUGGERFILIALEN IN EUROPA:**
Antwerpen, Venedig, Nürnberg,
Innsbruck, Rom, Breslau,
Lissabon, Danzig, Prag, Wien,
Krakau, Barcelona, Sevilla, Riga,
Hall, Trient, Mailand, Amsterdam,
Genua, Preßburg und Villach.

Konkurrenz und Kooperation

Über welche Finanzkraft beide Unternehmen verfügten, ersieht man an ihrer Beteiligung an der Kaiserwahl Karls V. 1519. Mehrere Kandidaten machten sich Hoffnungen auf die Kaiserwürde im Reich. Die sieben Kurfürsten, die den Kaiser wählten, stellten an die Kandidaten entsprechende finanzielle Forderungen. Die Fugger steuerten 1519 zur Wahl Karls V., König von Spanien, 543.585 Gulden bei, die Welser 143.333 Gulden. Insgesamt wurden für den jungen König von Spanien 852.000 Gulden aufgebracht, so viel hatte kein anderer Bewerber zu bieten. Der junge spanische König wurde 1519 zum Kaiser gewählt und war, weil er über die meisten der Gebiete der *Neuen Welt* herrschte, der Kaiser, in dessen Reich die Sonne nie unterging. Um die Summe von 852.000 Gulden in einen Vergleich zu bringen: Ein Handwerksgeselle in Augsburg verdiente in dieser Zeit ca. 10 Gulden im Jahr, ein Ochse kostete ca. 12 Gulden!

Die Fugger und die Welser waren im 16. Jahrhundert zwar Konkurrenten, sie versuchten aber nicht, sich gegenseitig auszubooten, sondern arbeiteten oft zusammen. Konkurrenz und Kooperation prägten das Verhältnis beider Handelsfirmen.

Die erste Indienfahrt deutscher Kaufleute 1505/06 ist ein Beispiel der Zusammenarbeit von Fuggern und Welsern. Die Portugiesen hatten nach jahrzehntelangen Forschungsfahrten zwar am Ende des 15. Jahrhunderts den Seeweg nach Indien entdeckt, hatten aber zu wenig Kapital, diese Entdeckung

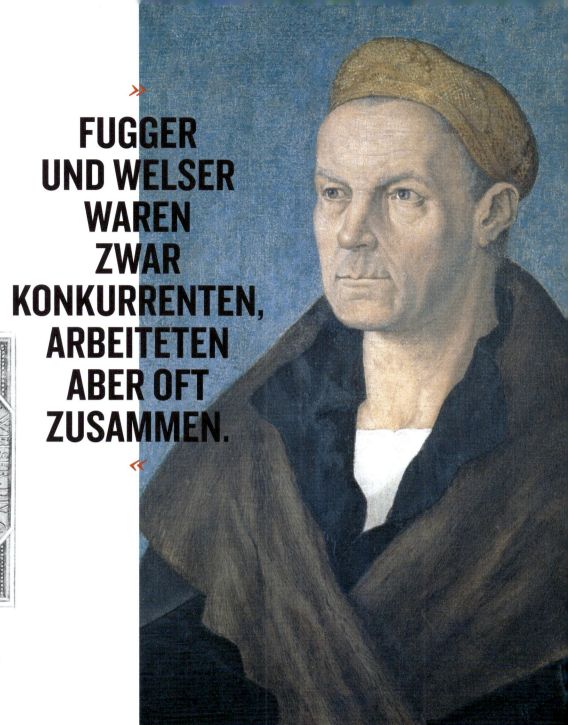

FUGGER UND WELSER WAREN ZWAR KONKURRENTEN, ARBEITETEN ABER OFT ZUSAMMEN.

OBEN: *Bartholomäus V. Welser leitete das Augsburger Familienunternehmen von 1518 bis 1551.*
RECHTS: *Jakob Fugger »der Reiche«, portraitiert von Albrecht Dürer (um 1518).*

wirtschaftlich zu nutzen. Kaufleute aus Augsburg und Nürnberg brachten in den Jahren 1505/06 in einer Flottenexpedition große Mengen Pfeffer und andere Gewürze aus Indien nach Europa auf den Markt. Die Welser beteiligten sich an dieser Unternehmung mit 20.000 portugiesischen Dukaten, die Fugger, etwas vorsichtiger, mit 4.000 portugiesischen Dukaten. Beide Firmen blieben bis zum Ende des 16. Jahrhunderts im Gewürzhandel mit Indien und Indonesien.

Der Niedergang

Den Welsern wurde 1528 von Kaiser Karl V. die Statthalterschaft über die Überseekolonie Venezuela übertragen. Die dortigen Amtsträger der Welser bauten aber keine funktionierende Infrastruktur mit verschiedenen Wirtschaftsbereichen auf, wie dies die Konzernzentrale in Augsburg vorgesehen hatte, sondern sie versuchten, durch die Suche nach den legendären Goldschätzen von *El Dorado* schnell reich zu werden. *El Dorado* wurde nicht gefunden, 1556 wurde den Welsern Venezuela wieder genommen. Die 100.000 Dukaten, die sie in dieses Südamerika-Abenteuer gesteckt hatten, waren verloren. Dies trug, neben Verlusten durch Staatsbankrotte der spanischen und französischen Krone und einer schlechten Firmenführung nach dem Tod von Bartholomäus V., 1561 allmählich zum Niedergang der Welserfirma bei, die 1614 ihren Zusammenbruch erlebte.

Was bleibt?

Trotz des wirtschaftlichen Zusammenbruchs blieb die gesellschaftliche Stellung der Welser gewahrt, sie stellten im 17. Jahrhundert viele wichtige Stadtpolitiker, darunter auch einen Stadtpfleger, wie die Bürgermeister in Augsburg seit 1548 offiziell genannt wurden.

Die Fugger hatten mit Jakob Fugger dem Reichen einen ersten wirtschaftlichen Höhepunkt erreicht. Unter seinem Neffen Anton (1493–1560), der die Fuggerfirma 1525 übernommen hatte, konnte die Stellung als führendes Handelshaus in Mitteleuropa noch ausgebaut werden. Anton Fugger verheiratete seine Kinder mit Adeligen, wodurch die Fugger ab der zweiten Hälfte des 16. Jahrhunderts allmählich die Welt der Kaufleute verließen und zu geachteten Adeligen aufstiegen. Nach dem Dreißigjährigen Krieg zogen sich die Fugger endgültig aus dem Bereich des Kaufmännischen zurück.

FAKTOREN DES

1

PERSÖNLICHKEIT

SITUATIV HOHE RISIKOBEREITSCHAFT

STRATEGISCHES DENKEN

2

STRATEGIE

FAKTOREIEN-NETZWERK

MONTANKONZERN MIT LANGER WERTSCHÖPFUNGSKETTE

IDEALER EINSTIEG IN DEN UNGARISCHEN BERGBAU

NEUER SCHWERPUNKT WESTEUROPA

FINANZ- UND MONTANGESCHÄFT

MASSENGÜTER UND FINANZGESCHÄFTE

3

INNOVATION

ENTDECKUNGEN

NEUE TECHNOLOGIEN

Wasserkraft

Montanwesen

Buchdruck

Welche Faktoren waren ausschlaggebend für den sagenhaften Erfolg von Jakob Fugger »dem Reichen« und Bartholomäus V. Welser? Es war wohl die gelungene Mischung aus guten Beziehungen zu Herrschaftshäusern, dem Aufkommen neuer Technologien und der damit verbundenen Hochkonjunktur, geschickter Selbstinszenierung sowie außergewöhnlichen unternehmerischen Fähigkeiten: Weitblick, strategisches Denken und eine gewisse Risiko-bereitschaft.

SCHLAGWÖRTER: MARTIN KLUGER

ERFOLGS

JAKOB FUGGER

BARTHOLOMÄUS V. WELSER

Zur richtigen Zeit am richtigen Ort

4

KONJUNKTUR

LANGER KONJUNKTURZYKLUS

GROSSER STAATLICHER KAPITALBEDARF

ENTWICKLUNG DES ÜBERSEEHANDELS

NACHFRAGESCHUB BEI METALLEN

5

KNOW-HOW

TIEFES VERSTÄNDNIS FÜR WIRTSCHAFTSPROZESSE

ERFAHRUNGEN IN LYON & ANTWERPEN

VENEDIG: KAUFMANNSWISSEN

VENEDIG: GEISTIG-KULTURELLE ANREGUNGEN

Ansicht der Rialtobrücke: Vittore Carpaccios »Miracolo della Croce a Rialto«.

6

NETZWERKE

SEHR GUT VERNETZTER PATRIZIER

KOOPERATION MIT BANKEN IN ITALIEN

GUTE KONTAKTE ZU DEN HABSBURGERN

NACHRICHTENZENTRUM AUGSBURG

GUTE KONTAKTE ZUR KURIE

Der Augsburger Geschlechtertanz.

7

IMAGEBILDUNG

PRESTIGE: STIFTUNGEN, BAUTEN UND KUNST

SINGULÄRE SELBSTINSZENIERUNG

MARKTSTELLUNG

⟑ Jakob Fugger

⟑ Bartholomäus V. Welser

> *War Philipp II. von Spanien der größte Bankrotteur aller Zeiten?*
> *Warum hätten sich dann Bankiers wie die Fugger mit ihm einlassen sollen?*
> *Wer genau hinschaut, so der Zürcher Wirtschaftshistoriker Hans-Joachim Voth,*
> *der entdeckt im Finanzsystem des Habsburgers und seiner Geldgeber*
> *geradezu geniale Züge.*

Prädikat:
UNBEDINGT NACHAHMENS WERT!

Der Wirtschaftshistoriker Prof. Dr. Hans-Joachim Voth im Gespräch.

DR. MARTIN TSCHECHNE FÜHRTE DAS GESPRÄCH MIT PROF. DR. HANS-JOACHIM VOTH

Herr Professor Voth, in Ihrer Arbeit als Wirtschaftshistoriker befassen Sie sich mit der Epoche des spanischen Königs Philipp II. im 16. Jahrhundert. Die Verhältnisse dieser Zeit, die Strategien ihrer Akteure, die politischen Konflikte – hat das alles irgendeinen Bezug zur Gegenwart?

Nun, wir behaupten nicht, dass alles, was man über den Umgang mit Staatsbankrott wissen muss, bei Philipp zu lernen ist. Aber es gibt Ähnlichkeiten, es gibt Metaphern, die uns etwas sagen können über unsere eigene Zeit.

Es geht um die Eroberung und Ausbeutung von Kolonien in Amerika, um die Verteidigung des katholischen Glaubens gegen den Protestantismus, um ein äußerst instabiles Geflecht von Koalitionen in Europa. Und es geht um das Kunststück eines Königs, viermal den Staatsbankrott zu erklären und trotzdem die Geldgeber an seiner Seite zu halten. Wie machte er das? War Philipp so schlau? Oder waren die Gläubiger so dumm?

Ich glaube, es ist weder das eine noch das andere. Philipp hat seine Schulden gelegentlich nicht bezahlt. Seine Bankiers haben ihn trotzdem finanziert, weil es sich im Durchschnitt gelohnt hat. Die Verluste durch einen Staatsbankrott waren gewaltig, aber weder seine Geldgeber aus Genua noch die Fugger oder Welser aus Augsburg haben auf lange Sicht dabei verloren.

Dabei hat Philipp 90 Prozent seiner Finanzen für den Krieg gebraucht. Eine wirklich produktive Form der Anlage ist das nicht...

In der frühen Neuzeit war das *business as usual*: Die Staaten Europas taten eigentlich nichts anderes mit ihrem Geld als Krieg zu führen. Ihre prunkvollen Paläste und ihre Hofhaltung fielen da kaum ins Gewicht, das alles haben sie quasi aus der Portokasse bezahlt. Krieg dagegen war so teuer, dass auch Philipp ihn nicht aus eigenen Mitteln finanzieren konnte.

Nun ächzen die Haushalte der EU, Gott sei Dank, nicht mehr unter Kriegskosten wie damals. Allerdings kommen auch keine mit Gold beladenen Schiffe mehr aus Amerika. Trotzdem sehen Sie in der Finanzpolitik eine breite Basis zum Vergleich, bei dem unsere Gegenwart nicht immer besser abschneidet. Können wir aus der Zusammenarbeit Philipps mit seinen Geldgebern etwas lernen?

Es wäre sogar klug, wenn wir es täten. Stellen Sie sich einen Staat vor, dem die Einnahmen wegbrechen. Da hilft es, wenn auch die Gläubiger ein bisschen kürzer treten, im Sinne einer Risikoverteilung. Üblicherweise aber gilt: Ob die Einnahmen fließen oder stocken, immer sind die gleichen Leistungen an Zinsen und Tilgung zu erbringen. Als Ausweg aus solcher Lage werden dann oft die Steuern erhöht. Ein kluger Ökonom aber würde das genaue Gegenteil empfehlen, nämlich eine antizyklische Fiskalpolitik. An Ländern wie Griechenland oder Spanien lässt sich heute sehr genau beobachten, welche gravierenden

Folgen eine starre, also prozyklische Fiskalpolitik hat: Man tut mitten in der Krise genau das Falsche.

Waren Philipp oder seine Gläubiger im 16. Jahrhundert da klüger?
Sie haben ihre ganze Beziehung anders definiert. Haben also in ihren Verträgen festgehalten, dass weniger zu zahlen ist, wenn ein Schock die Zahlungsfähigkeit des Königs beeinträchtigt: Kommt also etwa die erwartete Silberflotte nicht an, dann zahlt er zunächst mal weniger und sorgt später für Ausgleich. Und wenn es ganz schlecht läuft, dann wird auch mal für ein paar Jahre nichts gezahlt. Dann setzt man sich zusammen und verhandelt. Und auch bei einem Staatsbankrott ist die Welt nicht zu Ende. Es wäre wahnsinnig hilfreich, wenn wir das heute in irgendeiner Form abbilden könnten.

Hatten sie damals also das realistischere System?
Sagen wir einfach: das bessere! Dass man solche Verträge im 16. Jahrhundert schreiben konnte, aber es heute nicht kann, ist eigentlich ein Witz. Man kann *state contingent-bonds* ausgeben, also zustandsabhängige Schuldverschreibungen. Das funktioniert aber eigentlich nur im Rahmen von Restrukturierung. Die Argentinier haben das 2002 gemacht, die Griechen wollen es jetzt tun; sie haben auch ein paar in Umlauf gebracht. Das geschieht aber sehr selten – dabei müsste man es eigentlich dauernd machen.

Mag sein, dass ein Staatsbankrott nicht das Ende der Welt ist. Aber für Spanien begann doch damals der Verlust seiner Rolle als Weltmacht.
Nein, das ist übertrieben. Der Abstieg Spaniens hat viele Gründe, und er zieht sich auch ziemlich lange hin. Selbst in der Schlacht von Trafalgar 1805 war die spanische Flotte immer noch eine ernste Herausforderung für die Briten. Viel schlimmer als alle Staatsbankrotte war, dass sie den Krieg in den Niederlanden nicht für sich entscheiden konnten. Dort ging es darum, ein Territorium zu halten, das sehr hohe Wirtschafts- und Steuerleistungen produzieren konnte. Da war es aus Sicht der Spanier ganz und gar nicht irrational, sehr viel Geld für den Krieg auszugeben.

Kriege bestimmten fast das ganze Leben des Königs. In Ihrem bislang nur auf englisch erschienenen Buch »Lending to the Borrower from Hell«, beschreiben Sie Philipp als diesen Kreditnehmer aus der Hölle, ständig auf der Suche nach Geldgebern. Trotzdem kommen Sie und Ihr kanadischer Co-Autor Maurizio Drelichman zu dem Schluss, die Finanzpolitik des spanischen Königs sei nicht etwa teuflisch gewesen – sie sei sogar nachahmenswert. Das lässt staunen. Was macht diese Politik zum Vorbild?
Vor allem die Tatsache, dass sie kontrazyklisch agiert. Das heißt, dass die meist starren Schuldverpflichtungen flexibel an die Finanzsituation des Kreditnehmers angepasst werden. Daran sollte sich jeder Finanzminister ein Beispiel nehmen. Das ist eigentlich der heilige Gral der Finanzpolitik, und da sind die Minister von Philipp II. viel näher dran als Wolfgang Schäuble und seine Freunde.

Genau das ist es, was die Griechen heute fordern. Ist also das, was uns als Unverschämtheit ärgert, tatsächlich Ausdruck einer besonders klugen Politik?
Nein, das Schlüsselwort ist, dass man die Staatsanleihen konditioniert auf den Zustand des Wirtschaftszyklus. Die Griechen wollen etwas ganz anderes. Die haben sich sehr viel

König Philipp II. von Spanien,
von Sofonisba Anguissola (um 1570).

WENN ES GANZ SCHLECHT LÄUFT, WIRD AUCH MAL EIN PAAR JAHRE NICHTS BEZAHLT.

Geld geborgt von den europäischen Partnern und wollen jetzt sagen: Ätsch, das kriegt ihr eh' nicht wieder.

Zwei Drittel der Kredite an Philipp kamen aus Genua. Die Bankiers dort hatten ein besonders klug aufgestelltes Finanzsystem – ein Netzwerk nämlich, das keinen Durchschlupf offen ließ…
Richtig. Die Frage ist ja immer: Was will ein König, wenn er gerade Bankrott angemeldet hat? Wahrscheinlich nicht seine Gläubiger so weit wie möglich auszahlen – viel lieber will er irgendwo noch schnell einen Kredit auftun und dann viele Leute leer ausgehen lassen. Warum funktionierte das nicht? Weil die Genueser zusammenhielten. Sie bildeten Oligarchien, waren untereinander verschwippt und verschwägert, häufig waren die Kredite von mehr als einem unterschrieben. Deshalb schaffte Philipp es nie, einen *selective default* hinzukriegen, den partiellen Zahlungsausfall, der für ihn das Beste gewesen wäre. Das ist das Geniale am System der Genueser.

LEW

WIR DENKEN AN MORGEN.
SEIT MEHR ALS 110 JAHREN.

Die **LEW**-Gruppe – Ihr Partner für intelligente Energie

www.lew.de

TREUE GLÄUBIGER

Anteil der Kreditgeber, die dem König erneut Geld leihen, in Prozent aller Gläubiger.

LEIHT WIEDER
LEIHT NICHT MEHR

BEGRENZTE LAST

Staatsschuld im Verhältnis zum BIP.

BIP
in Mio. Dukaten

SCHULDEN
in %

*»Der Geldwechsler und seine Frau«
von Marinus van Reymerswaele, 1539.*

Dafür blieben sie dem spanischen König auch in schlechten Zeiten treu.
Ganz genau! Weil sie zusammenhalten in Krisenzeiten, schneiden sie insgesamt gut ab und machen das Finanzsystem von Philipp sustainable, also nachhaltig – und das nützt letzten Endes auch seinen Interessen. Wenn er einfach seinen kurzfristigen Zielen gefolgt wäre, dann hätten seine Gläubiger ihn wahrscheinlich bald verlassen.

EIN STAATS- BANKROTT BEDEUTET NICHT DAS ENDE DER WELT.

Fallen da die Augsburger Bankiers, die Fugger und Welser, nicht aus der Reihe? Sie waren nicht in die Phalanx der Genueser eingebunden – standen also viel deutlicher im Risiko.
Wie die Augsburger Familien genau abgeschnitten haben, wissen wir nicht. Dazu fehlen uns bislang die Zahlen. Wir wissen aber, dass Philipp II. im Jahr 1575, als ihm einer seiner großen Staatsbankrotte drohte, den Fuggern über deren Faktor in Madrid alle möglichen Angebote machte, die sehr, sehr attraktiv waren...

Oho, er versuchte, seine Gläubiger gegeneinander auszuspielen!
Die Fugger waren zu klug, um darauf einzugehen. Sie verhielten sich, als wären sie ein Teil dieser Koalition. Nicht etwa, weil sie Genueser besonders gern hatten! Aber ihnen war klar, dass sie die Kreditbedürfnisse von Philipp nicht aus eigenen Mitteln würden befriedigen können. In der Korrespondenz zwischen Hans und Marx Fugger ist das deutlich zu erkennen. Die sagen: Was passiert, wenn wir ihm jetzt Geld leihen? Früher oder später muss er sich mit den Bankiers aus Genua einigen. Dann stehen die in seiner Gunst wieder oben, und wir haben das Nachsehen. Entscheidend also ist, dass im Fall eines Staatsbankrotts die Geldgeber ein Moratorium verhängen und niemand, nicht einer von ihnen, Kredit anbietet. So zwingen sie den Schuldner dazu, ein vernünftiges settlement aufzusetzen. Und da haben die Fugger, auch wenn sie weder formal noch informell dazugehört haben, sich genauso verhalten, als wären sie Teil dieser Koalition von Geldverleihern.

Sehr schlau!
In der Tat. Die Korrespondenz zwischen den Fugger-Brüdern ist in jeder Beziehung lesenswert. Die schreiben über alles: ungarische Weine, welchen Jagdhund man nimmt, und außerdem hätten sie gerade mal wieder einen Brief aus Madrid bekommen.

Ist dieses informelle Bündnis aber nicht ein System, das strukturell den heutigen Zusammenschlüssen von Banken zu Konsortien oder Zentralbanken entspricht?
Es gibt einen entscheidenden Unterschied. Die offiziellen Geldverleiher heute, etwa der IWF, sind Institutionen, die vorrangig behandelt werden. Das heißt, der Gleichbehandlungs-Grundsatz zwischen allen Geldverleihern wird durchbrochen: In der Sekunde, in der Sie den IWF reinlassen, hat er seniority, er wird also immer zuerst bezahlt. Und alle privaten Geldverleiher müssen sich hinten anstellen. Da gibt es also keine Interessensgleichheit und keinen Gleichlauf, sondern genau das Gegenteil.

Sie berufen sich auf den Kulturhistoriker Jakob Burckhardt, der sagt, man könne aus der Geschichte keine Lehren in die Gegenwart über-

tragen. Aber so etwas wie Weisheit lasse sich daraus destillieren. Welche Weisheit lässt sich aus den Erfahrungen damals für die heutige Politik herleiten?
Wir können Verträge schreiben, in denen wir eine stur prozyklische Fiskalpolitik vermeiden. Das wäre weise. Mehr Koordination ist hilfreich. Und es lässt sich herleiten, dass ein Staatsbankrott nicht das Ende der Welt bedeuten darf. Firmen gehen pleite, und die Welt dreht sich weiter. Wir sollten ein System errichten, in dem das auch auf Ebene des Staates wieder möglich ist – indem wir eine Form von Versicherung ausstellen, wie es die Genueser und die Fugger für Philipp II. getan haben.

Und was wird mit dem Euro? In einem Interview mit dem Spiegel gaben Sie der gemeinsamen Währung noch fünf Jahre. Das liegt vier Jahre zurück. Müssten Sie Ihre Prognose nicht langsam mal revidieren?
Warten Sie's ab, noch ist die Zeit nicht herum. Dass zumindest einige Länder ausscheren, halte ich für extrem wahrscheinlich. Die Griechen geben sich ja alle Mühe, den Fahrplan einzuhalten. Was wir den Südeuropäern aufgehalst haben, ist politisch nicht zu halten. Dafür haben Regierungen auch kein Mandat. Jahrzehnte lang sind diese Länder mit ihren weichen Währungen ganz gut gefahren. Es macht keinen Sinn, jetzt etwa eine ganze Generation von Griechen oder Spaniern dazu zu verdammen, bei ihren Eltern im Keller leben zu müssen, niemals einen eigenen Job zu haben, niemals selbständig werden zu können – und alles nur, damit man dort diese Währung behält. 🐚

PROF. DR. HANS-JOACHIM VOTH
gehört zu den international gefragtesten Wirtschaftswissenschaftlern und Wirtschaftshistorikern in Europa. Er studierte in Oxford und Florenz, lehrte in Cambridge und an der Stanford University, hielt einen Lehrstuhl an der Universität Pompeu Fabra in Barcelona und bekleidet heute den Chair of Economic Development and Emerging Markets an der Universität Zürich. Sein Buch über das Finanzsystem des spanischen Königs Philipp II., »Lending to the Borrower from Hell« erschien 2014. Das Interview wurde am 12. März 2015 geführt.

AUF TUCHFÜHLUNG MIT DEN FUGGERN UND WELSERN

Das Fugger und Welser Erlebnismuseum geht neue Wege

So spannend kann Geschichte sein: Das Fugger und Welser Erlebnismuseum erzählt von der Bedeutung Augsburgs im 16. Jahrhundert und seinen berühmten Handelshäusern. Ein Erlebnisort für Groß und Klein.

VON INGRID ERNE

An der reichen Handelsstadt Augsburg kam im frühen 16. Jahrhundert keiner vorbei. Dafür sorgten bedeutende Kaufmannsfamilien wie die Fugger und die Welser mit ihrer Finanzkraft und ihren immensen Handelsimperien. Noch heute dürfte Jakob Fugger der Reiche (1459 – 1525) zu den bekanntesten Augsburgern zählen. Mit der Fuggerei hat er sich selbst ein Denkmal gesetzt, das auf keiner Sightseeing-Tour fehlen darf.

Das Fugger und Welser Erlebnismuseum ist der ideale Ort, um dieser Blütezeit der ehemals Freien Reichsstadt nachzuspüren. Es lässt den Besucher hautnah miterleben, mit welch kaufmännischem Geschick die damaligen Strategen agierten: weniger durch ausgestellte Exponate als durch spannendes *Storytelling*, unterstützt von modernster Technik. Als Hauptakteure treten Jakob Fugger der Reiche und Bartholomäus V. Welser auf. Sie sind es, die dem Betrachter Einblick in ihre Gedankenwelt und ihre strategischen Überlegungen geben.

Geschichte zum Anfassen

Ein technisch aktualisierbares RFID-System hilft dabei, aktuelle Ereignisse im Kontext der Geschichte zu spiegeln. Denn Geschichte erlebbar machen und gleichzeitig Bezüge zur Gegenwart herstellen – dieser Anspruch ist schon im Leitgedanken des Fugger und Welser Erlebnismuseums verankert: *»Nur wer die Lektion der Geschichte verstanden hat, kann die Zukunft begreifen.«* Auf den von innen beleuchteten Stelen werden den historischen Geschehnissen deshalb heutige Strukturen gegenübergestellt.

Die Wissensvermittlung ist kurzweilig und spannend. Mit zahlreichen interaktiven Stationen werden 500 Jahre alte Erfolgsstrukturen reflektiert und die Besucher zum Mitmachen angeregt. Anfassen ist hier erwünscht! Regelrecht eintauchen in die Geschichte der Frühen Neuzeit kann man in den von der Agentur LIQUID entwickelten multimedialen Installationen, wie

»
BESUCHER STEUERN DIE INFORMATIONEN SELBST.
«

LINKS: *Das Wieselhaus vor und nach der Sanierung: Mit dem neuen Museum hat Augsburg eine weitere Attraktion bekommen.*

EINE IDEE SETZT SICH DURCH

Seit 1944 die Bestände des Fuggermuseums – damals in den Badstuben der Fuggerhäuser untergebracht – ins Fuggerschloss Babenhausen verlagert worden waren, fehlte etwas in Augsburg: ein Ort, der die Historie der mächtigen Kaufmannsfamilie für Besucher nachvollziehbar macht. Das wollte Tourismusdirektor Götz Beck ändern. Im Auftrag der Regio Augsburg Tourismus GmbH entwickelte die LIQUID Agentur für Gestaltung bereits 2002 erste Konzepte für ein neues Museum. Als Ort war der so genannte *Kastenturm* am Roten Tor geplant. Denkmalschutz und brandschutztechnische Gründe verhinderten jedoch die Realisierung. Ein neuer Standort war im März 2009 mit dem stark renovierungsbedürften *Wieselhaus* gefunden. Götz Beck hatte dabei die Unterstützung von Gerd Mordstein, dem damaligen Leiter des städtischen Wohnungs- und Stiftungsamts. Hier war nun Raum, um das künftige Museum inhaltlich zu erweitern: Die Familie Welser kam hinzu.

Sofort starteten die Planungen für die Themenverteilung unter der konzeptionellen Leitung von Ilja Sallacz, der auch das gestalterische Konzept entwickelte. An der Entstehung des Museums waren darüber hinaus maßgeblich beteiligt: Dr. Stefanie Freifrau von Welser, Kuratorin bis 2014, Prof. Dr. Angelika Westermann (bis Angfang 2014), Spezialistin für Montanwirtschaft im 16. Jahrhundert, Franz Karg, Fürstlich und Gräflich Fuggersches Familien- und Stiftungsarchiv, Dr. Maximilian Kalus, Wirtschaftshistoriker und Informatiker, Ullrich Styra, Museumsausstattung und Gerhard Funk, Beleuchtungsmeister beim Bayerischen Rundfunk. Mitte 2014 kamen für die Texterstellung der Stelen der Verleger Martin Kluger und der Wirtschaftshistoriker Dr. Peter Geffcken als wissenschaftlicher Berater hinzu.

Ende September 2014 wurde das Fugger und Welser Erlebnismuseum eröffnet. Mit fast 14.000 Besuchern im ersten halben Jahr nach der Eröffnung liegen die Zahlen deutlich über den Erwartungen.

etwa dem Bergwerk, der magischen Galerie *Augsburger Geschlechtertanz* oder in der *Goldenen Schreibstube*: Hier werden die historischen Akteure scheinbar lebendig und der Besucher steuert die Informationen selbst.

Mit dem Pfeffersäckchen als Begleiter

Bei der Konzeption hatten die Museumsmacher Zielgruppen verschiedenster Herkunft und aller Altersstufen im Blick. Die einzelnen Stationen lassen sich mittels Computer-Chip steuern, versteckt in unterschiedlichen *Pfeffersäckchen*: auf Deutsch, Englisch oder in einer kindgerechten Version. Ein museumspädagogisches Programm für Schulklassen ist an den Lehrplan angelehnt. Der Festsaal bietet Raum für Seminare, Vorträge oder Symposien und die Möglichkeit zur Vernetzung mit Wirtschaft und Wissenschaft.

»*Mit zeitgemäßem Storytelling einerseits und fundierten historischen Informationen andererseits gewährt das Fugger und Welser Erlebnismuseum einen variantenreichen Einblick in Augsburgs goldene Zeit*«, so Götz Beck, Direktor der Regio Augsburg Tourismus GmbH, die das Museum ins Leben gerufen, mit Partnern umgesetzt hat und es auch betreibt.

Was wäre ein Erlebnismuseum ohne entsprechende Feedback-Möglichkeit? Auch dafür gibt es eine außergewöhnliche Lösung: *Das Lebende Buch®*, die Multimedia-Installation im Foyer, führt nicht nur höchst unterhaltsam und quicklebendig in die Museumsthemen ein. Besucher können in diesem Gästebuch der besonderen Art auch ihren multimedialen Kommentar hinterlassen. ❧

ÖFFNUNGSZEITEN
Dienstag – Sonntag
und Feiertag: 10 – 17 Uhr
Für Schulklassen nach Voranmeldung bereits um 9 Uhr

ANSCHRIFT
Äußeres Pfaffengässchen 23
86152 Augsburg
Tel.: 0821–50 20 70
Weitere Infos: www.fugger-und-welser-museum.de

Augsburgs Tourismusziel Nr. 1

Die Fuggerei – älteste Sozialsiedlung der Welt

Die Augsburger Fuggerei ist die älteste beste-hende Sozialsiedlung der Welt. Sie wurde im Jahr 1521 von dem Augsburger Kaufherrn und Bankier Jakob Fugger „dem Reichen" für bedürftige Augsburger Bürger gestiftet.

Das Fuggereimuseum (mit Museumsfilm, Infotafeln sowie Exponaten) und eine „self-guided-tour" durch die Sozialsiedlung erklären die Geschichte der weltberühmten Sehenswürdigkeit.

Die Schauwohnung zeigt das Leben in der Fuggerei heute, das Museum im „Weltkriegs-bunker in der Fuggerei" dokumentiert ihre Zerstörung im Zweiten Weltkrieg und den Wiederaufbau der Sozialsiedlung.

Öffnungszeiten (täglich):

April – September . . . . 8 – 20 Uhr

Oktober – März . . . . 9 – 18 Uhr

Fürstlich und Gräflich Fuggersche Stiftungen

Fuggerei 56 · 86152 Augsburg

Telefon 08 21/31 98 81-0 · www.fugger.de

www.concept-wa.de · Fotos: Wolfgang R. Kleiner (?), Martin Kluger (?)

DAS WIESELHAUS UND SEINE GESCHICHTE

Die Heimat des Fugger und Welser Erlebnismuseums

Wer aufmerksam in das Wieselhaus hinein lauscht, kann sie hören — die Stimmen und Alltagsgeräusche aus der fast 500-jährigen Vergangenheit des Gebäudes.

VON HEIKE SIEBERT

Wie Johann Wiesel die Monatseinnahmen mit seiner Ehefrau Regina bespricht, wie der *Augustanus Opticus* Linsen und Brillengläser schleift und poliert. Oder wie die Ausburger Handelsfamilie Jenisch ihre Baumeister anweist, als das Renaissance-Kleinod um das Jahr 1530 mit Arkaden und großzügigen Loggien in ihrem

Dieser Kupferstich von Bartholomäus Kilian zeigt Johann Wiesel.

Auftrag als Gartenhaus errichtet wird. 20 Jahre später folgt die Verlängerung des Seitengebäudes. Ab 1583 nutzt der Humanist, Historiker und Augsburger Stadtpfleger Marcus Welser den benachbarten Garten als erholsames Refugium.

Machen wir einen Zeitsprung ins 17. Jahrhundert, zu Johann Wiesel, einem der bedeutendsten Optiker seiner Zeit. Im Jahr 1637 erwarb der Jahre zuvor aus der Pfalz nach Augsburg gekommene *Opticus* und Instrumentenbauer das Haus mit der heutigen Adresse Äußeres

Pfaffengässchen 23. Vorbesitzer war der Goldschmied Georg Jungmayr, dessen Werkstatt sich im ersten Stock befand. Bis 1642 lebte und wirkte Johann Wiesel in dem Haus. Diese sechs Jahre gaben dem Gebäude seinen Namen, noch heute ist es im Volksmund als *Wieselhaus* bekannt. Auf der Produktliste des *Opticus* standen Brillen, Laternen, Brenngläser, Spiegelapparate, Frühformen des Mikroskops und Fernrohre. Die Brillen maß er seinen Kunden an, indem sie ihm einen Faden schickten. Dessen Länge zeigte die Entfernung an, aus der die Klienten einen Mustertext lesen konnten. Johann Wiesel erwarb sich im Laufe der Jahre einen hervorragenden Ruf und belieferte Wissenschaftler, Fürsten- und Königshäuser weit über die Grenzen des Reichs hinaus. Auf Druck des Rats der Stadt Augsburg musste er 1642 sein Haus an die Karmeliter verkaufen. 200 Jahre später erwarb die Stiftung *Katholischer Studienfonds*, der das Gebäude heute noch gehört, das Wieselhaus.

Hat das Wieselhaus eine Zukunft?

Weitere 150 Jahre vergingen und das Wieselhaus sah viele Bewohner. Die ersten Überlegungen, dieses Kleinod zu sanieren und somit zu erhalten, reichen bis ins Jahr 2000 zurück. Zu dieser Zeit war das stark sanierungsbedürftige Objekt noch vermietet. Danach stand das Haus leer und verfiel zusehends. Bis 2006 hinterließ jeder Winter deutliche Spuren an dem ungeheizten Objekt. Den Zustand des Hauses zu Beginn der Renovierungsarbeiten kann man sich heute kaum mehr vorstellen. Das hat nicht nur mit dem abgewohnten Zustand zu tun, sondern auch mit den

Veränderungen im Laufe der Jahrhunderte. Weil der ursprüngliche Grundriss für eine dauerhafte Wohnnutzung nicht geeignet war, hatten spätere Bewohner Wände eingezogen, Decken abgehängt und mit Kassetten aus Styropor beklebt. In die Arkade war ein WC eingebaut worden. Unzählige Schichten von Tapeten legten ein lebendiges Zeugnis aller Modeströmungen des späten 20. Jahrhunderts ab. Das Haus bot einen traurigen Anblick.

In Handarbeit saniert

Im Herbst 2009 konnte mit der Sanierung begonnen werden, die bis Jahresende 2013 andauerte. Auftraggeber war die Stiftung *Katholischer Studienfonds*, vertreten durch das Wohnungs- und Stiftungsamt der Stadt Augsburg. Als Partner wurde die Regio Augsburg Tourismus GmbH gewonnen mit der Idee, ein Fugger und Welser Erlebnismuseum zu schaffen. Unter der Projektleitung des Architekturbüros Schrammel Architekten aus Augsburg ging es voran, kaum sichtbar von außen. Denn

Auf dem Kilian-Plan ist das Wieselhaus zu sehen. Es handelt sich um das Eckhaus in der Mitte des Bildes mit dem angrenzenden großen Garten.

der Umbau des geschichtsträchtigen Hauses erwies sich als äußerst schwierig. Mehrfach bestand Einsturzgefahr, nicht nur beim Bau eines Aufzugs, sondern auch bei der Öffnung der Arkaden. Der originale Dachstuhl war ebenfalls in einem kritischen Zustand: An der Straßenfassade konnte man die einst mächtige Traufbohle mit der Hand zerbröseln, Balken für Balken wurde in Handarbeit saniert. Nahezu alle Epochen seit der Erbauungszeit haben ihre Spuren am Wieselhaus hinterlassen. Das ist auch heute noch im Detail sichtbar. Der aufmerksame Betrachter entdeckt barocke Türblätter und einen Einbauschrank oder auch Reste von Schablonenmalereien aus dem 20. Jahrhundert. Ganz bewusst wurden diese Elemente nur gereinigt, ihre Gebrauchsspuren bezeugen die intensive Nutzung. Damit ist das Wieselhaus gleichzeitig der Rahmen und das schönste Exponat des Museums. 🍂

EIN ORT FÜR
ZEITREISENDE

*Ein Rundgang
durch das Museum
in Bildern*

ABENTEUER SEEREISE In die Welt der Barchent- und Gewürz-
händler eintauchen, mit dem Segelschiff zu neuen Ufern aufbrechen, spielend die
alten Handelsrouten nachverfolgen und dabei so manche Gefahren überstehen –
im Fugger und Welser Erlebnismuseum gibt es viel zu entdecken!

»
SCHÖN SIE WIEDER NÜCHTERN ZU SEHEN, LIEBER RAVENSBURGER!
«

SMALLTALK DER RENAISSANCE IM GROSSEN SAAL DES FUGGER UND WELSER ERLEBNISMUSEUMS IN AUGSBURG

POMPÖSE ÖLGEMÄLDE — oder doch nicht? Hat sich der Herr im kostbaren Gewand nicht soeben an der Nase gekratzt? Die Gemälde scheinen lebendig zu sein. Wer das Pfeffersäckchen auflegt, kann den Gesprächen beim *Augsburger Geschlechtertanz* lauschen.

ARBEITSTEILIGE MONTANWIRTSCHAFT

Der Einstieg der Augsburger ins Montangeschäft markierte einen historischen Meilenstein: Die Ausstellung zeigt, wie sich mit neuen Technologien und industriellen Großanlagen Arbeit und Kapital in Deutschland erstmals trennten.

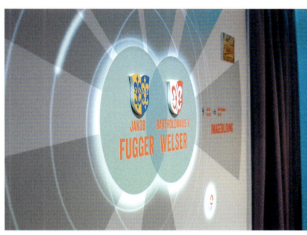

KOMMUNIKATION UND INTERAKTION

Dieses Museum ist nicht nur zum Schauen da. Es lädt ein, aktiv zu werden.
Zum Beispiel hier: Wer mehr wissen will, holt sich die Schriftrolle heraus.

Film: Überblick über das Fugger und Welser Erlebnismuseum
http://www.fugger-und-welser-museum.de/museum/rundgang/

VOM BELEHRUNGSORT ZUM ERLEBNISRAUM

OBEN: *Museen sind nach wie vor gefragt. Doch sie müssen heute mehr bieten als Exponate in Vitrinen.*

Was Museen heute leisten sollten

Totgesagte leben länger. Dieses Sprichwort gilt auch für das Museum; denn obwohl Kritiker diese Institution seit vielen Jahren für antiquiert und gesellschaftlich irrelevant erklären, sinkt weder die Zahl der jährlichen Museumsgründungen noch die der Besucher. Ein Ende des seit den achtziger Jahren des 20. Jahrhunderts anhaltenden Museumsbooms ist trotz der steigenden Konkurrenz unter den verschiedenen Freizeitangeboten bisher nicht abzusehen. Doch wie bewerkstelligen es die Museen, in einer sich ständig wandelnden Welt bedeutsam zu bleiben und immer wieder neue Besucher anzulocken?

VON EVA BENDL

Der andauernde Erfolg des Museums lässt sich ohne Zweifel auf die Entwicklungsfähigkeit der Institution und das ständige Bemühen der Museumsgestalter um eine Anpassung der Ausstellungsprinzipien an aktuelle Bedürfnisse und Wertvorstellungen erklären. Stets werden Ansprüche und Forderungen an Inhalt und Form der Museen herangetragen, mit denen es sich offen und kritisch auseinanderzusetzen gilt. Einige dieser Erwartungen sind seit Jahrzehnten aufs Engste mit der Institution Museum verbunden und werden immer wieder neu interpretiert, andere entstehen aus Fragen und Themen, die in der momentanen medialen und politischen Diskussion eine Konjunktur erleben.

Eine Anforderung, die das moderne Museum seit seiner Entstehung am Ende des 18. Jahrhunderts begleitet, ist ihr Bildungsauftrag. Auch heute noch definiert sich die Institution über diese Aufgabe. Auf welche Art und Weise allerdings museale Präsentationen Wissen vermitteln und Lernprozesse in Gang setzen können, wird fortwährend aufs Neue debattiert und ist an die variablen Normen und Herangehensweisen der Didaktik und Pädagogik gekoppelt. Museen gelten seit jeher als demokratische und öffentliche Orte, die sich von anderen Bildungsinstitutionen wie Schulen oder Universitäten dadurch unterscheiden, dass sie prinzipiell allen offenstehen. Doch während bis in die siebziger Jahre des 20. Jahrhunderts die Belehrung des Besuchers

den Habitus der Museumskuratoren dominierte, sind es heute vor allem partizipative Ansätze, die in den Museen angestrebt werden.

Aktive Rolle des Besuchers

Das Ergebnis eines solchen Museumsdesigns ist eine viel aktivere Rolle des Besuchers. Hands on-Stationen, Feedbackmöglichkeiten und Orte, an denen Besucher kreativ tätig werden können, gehören inzwischen zu den etablierten Elementen einer musealen Ausstellung. Auch die Präsenz in sozialen Netzwerken wie Facebook oder Twitter zählt zu den Ansprüchen, die heute an Museen gerichtet werden. Hinter all diesen

LINKS: *Das Otto Bock Science Center in Berlin.*

Angeboten steckt das Ziel, durch eigenes Ausprobieren neue Kenntnisse zu erschließen, aber auch persönliche Meinungen und Erfahrungen einzubringen und mit den im Museum bereitgestellten Informationen zu verbinden. Der Besucher erhält die Gelegenheit, mit anderen Besuchern sowie den Museumsmachern in einen Dialog zu treten. Statt kontemplativer Stille soll ein konstruktiver Gedankenaustausch den Museumsbesuch begleiten und auf ihn folgen.

Partizipation der Öffentlichkeit

Die Partizipation der Öffentlichkeit im Museum kann allerdings noch darüber hinausgehen: beispielsweise indem Kuratoren Interessierten anbieten, direkt an der Gestaltung oder Umgestaltung eines Museums und seiner Inhalte mitzuwirken. Dadurch sollen neue Perspektiven aufgegriffen und bisher vernachlässigten Bevölkerungsgruppen die Gelegenheit zur musealen Repräsentation gegeben werden. Das top-down-Verhältnis zwischen Museumsmachern und Rezipienten lockert sich und wird aufgebrochen. Die Funktion des Museums verschiebt sich bei dieser Art der Teilhabe vom *content provide* zur *content platform*, die statt Weltdeutungen vorzugeben ein Forum für den Diskurs über sie bietet.

In engem Zusammenhang mit der Forderung nach einer Ausweitung der Partizipation steht der Ruf nach Inklusion. Damit ist das Bemühen gemeint, den Bedürfnissen unterschiedlichster Besuchergruppen entgegenzukommen und nicht Einzelne beispielsweise aufgrund ihres Bildungsstandes, ihres Alters oder einer Behinderung von vornherein von einem gewinnbringenden Museumsbesuch auszuschließen. Zu solchen inklusiven Maßnahmen in den Museen gehören bauliche Anpassungen, aber auch eine andere Art der Aufbereitung von Museumsthemen. Als ideal gilt es, wenn Informationen über mindestens zwei Sinne erfahrbar sind. Neben dem Sehsinn, der im klassischen Museum im Vordergrund steht, sollen sich Besucher auch über ihr Gehör, ihren Geruchs-, Geschmacks- und Tastsinn die Inhalte des Museums erschließen. Video- und Audio-Guides sowie Handy-Apps bilden eine weitere Ebene der Informationsvermittlung, die zunehmend bedeutsamer wird und eine individuellere Ausrichtung auf spezielle Ansprüche gestattet. Weiterhin können zielgruppenorientierte Angebote wie spezielle Führungen oder Workshops zum Beispiel für Demenzkranke, Kinder unterschiedlichster Altersstufen oder für Migranten mit wenig Kenntnissen der Landessprache eine auf die jeweiligen Erfordernisse der Teilnehmer ausgerichtete Auseinandersetzung mit den Museumsthemen möglich machen und bisher museumsferne Menschen an die Institution heranführen.

Dies schließt an eine weitere Erwartung an, die häufig an heutige Museen herangetragen wird: die Erlebnisorientierung. Während das Museum früher in erster Linie als Ort authentischer Objekte galt, sind es seit den neunziger Jahren des 20. Jahrhunderts oftmals authentische Erlebnisse, die die Besucher im Museum suchen. Nicht das bedächtige Betrachten eines Originalobjekts, sondern die Wahrnehmung des Museumsraums als Ganzes rückt bei diesem Ansatz in den Vordergrund. Rekonstruierende Elemente, szenografische Inszenierungen und virtuelle oder multimediale Illusionen gewinnen dadurch an Wichtigkeit für die museale Präsentationsästhetik. Der Trend zu ganzheitlichen *Environments* führte zu einer Diversifizierung der in den Museen tätigen Menschen. Neben den meist wissenschaftlich ausgebildeten Kuratoren sind es nun oft Bühnenbildner, Designer und Künstler, die innovative Ideen und Anregungen in die Museumsgestaltung einbringen.

LITERATUR
Historische Museen heute, hg. v. Michele Barricelli und Tabea Golgath, Schwalbach 2014.
Museen zwischen Qualität und Relevanz. Denkschrift zur Lage der Museen, hg. v. Bernhard Graf und Volker Rodekamp, Berlin 2012.

Veranstaltungen

Eine weitere Folge des Verlangens der Museumsbesucher nach Erlebnissen ist die Zunahme von Aktionstagen, Workshops oder anderen Veranstaltungen in den Museen. In Geschichtsmuseen erfreuen sich unter anderem Living History-Vorführungen, Reenactment und historische Märkte großer Beliebtheit. Museumspädagogische Angebote sind inzwischen nicht mehr nur auf Kinder bezogen, sondern richten sich an Menschen jeden Alters. Museumshefte mit Spielen, Rätseln und Aufgaben, das Ausprobieren beispielsweise von alten Handwerkstechniken oder künstlerischen Praktiken sowie Museumsshops kommen dem Anliegen entgegen, etwas aus dem Museum mit nach Hause nehmen zu dürfen, eine Vorstellung, die noch vor einigen Jahrzehnten unvorstellbar schien, als allein die Betrachtung von Objekten im Vordergrund stand. Virtuelle Museen, Freilichtmuseen, archäologische Parks und Erlebnismuseen haben inzwischen eine Debatte darüber ausgelöst, inwieweit die gezeigten Gegenstände bestimmten Kriterien der Originalität genügen müssen, um als Exponate einer musealen Sammlung gelten zu dürfen oder ob das Ausstellen von Nachbildungen, Modellen, Abbildungen und Ähnlichem genauso museale Funktionen erfüllt und der Präsentation von Originalobjekten gleichgestellt werden kann.

Neues Spektrum

Die Gestaltung von Museen, aber auch ihr inhaltliches Spektrum erweitert sich. In den Medien diskutierte Themen wie zum Beispiel die Vielfalt von Lebenswelten, die Rollenbilder der Geschlechter oder das interkulturelle und interreligiöse Zusammenleben rücken ins Blickfeld von Museumskuratoren, die sich vor Kontroversität nicht scheuen. Nur indem sich die Institution Museum weiterhin der Herausforderung stellt, für die Bedürfnisse und Anforderungen ihrer Besucher offen zu bleiben, kann sie auch in Zukunft gesellschaftliche Relevanz und einen festen Platz im kulturellen Leben beanspruchen. ❧

MIT BARTHOLOMÄUS V. IN DIE RENAISSANCE TANZEN

Festliche Anlässe: Kontakte für Handel und Heirat

VON HEIKE SIEBERT

An einem sonnigen Frühjahrstag in Augsburg habe ich Bartholomäus V. Welser getroffen. Und das im 21. Jahrhundert. Den weitgereisten Augsburger Patrizier, Großkaufmann und Faktoreibesitzer in der spanischen Überseeprovinz Venezuela. Der Mann aus der Renaissance ist eine prächtige Erscheinung, gekleidet in eine dunkelblaue Schaube, geschmückt mit edler Ratskette. Unter der Schaube, einem Überrock, steckt Franz Gebhardt, seit einem Jahr ist er als Akteur in der Interessengemeinschaft *Historisches Augsburg e. V.* aktiv mit dabei.

Tableau vivant

Die Gemeinschaft hat in das Fürstenzimmer des Augsburger Rathauses zu einem Tableau vivant, einem lebenden Bild, mit anschließendem Tanz geladen. Heute trifft hier Renaissance auf Barock. Im Renaissancebild sind Bartholomäus V. Welser und sein Gesinde zu sehen. Das benachbarte Barock-Tableau zeigt König Gustav Adolf von Schweden und seine Gemahlin Maria Eleonora von Brandenburg samt prächtigem Hofstaat, die historisch tatsächlich in der Fuggerstadt weilten. Manuela Seiberlich verkörpert Maria Eleonora, gewandet in ein wunderschönes Kleid mit ausladendem Fächerkragen. Seit 1985, damals fand das erste *Historische Bürgerfest* in Augsburg statt, ist sie mit dabei.

Zu den ersten *Augsburger Reichstagen* im Jahr 1997 schlüpfte die Angestellte des Öffentlichen Dienstes in die Rolle von Sybilla Fugger, der Gemahlin Jakob Fuggers dem Reichen. *»Sybilla Fugger war für ihre Zeit eine sehr gebildete Frau, respektiert von ihrem Ehemann«*, sagt Ursula Stingl von der IG *Historisches Augsburg*. Sie ist heute im Fürstenzimmer die geschichtskundige Moderatorin, ihre schwarze Renaissance-Seidenrobe hat sie auf einem Gemälde entdeckt. *»Das war in der Staatsgalerie Dresden. Ich wusste sofort, das ist mein Kleid.«*

Geschichte erleben

Die Klänge von Laute und Cembalo erfüllen das Fürstenzimmer. Anwesende Gäste aus der Gegenwart, in Jeans, Hoodie und Sneaker, dürfen beim höfischen Schreittanz mitmachen. Tanzmeisterin Karin Weizenegger erklärt die Schritte. Sie ist seit Mitte der 1980er Jahre auf der Suche nach historischen Tänzen und übt sie mit den Aktiven ein. *»Wir möchten Geschichte zum Anfassen zeigen. Geschichte muss man erleben, damit sie im Gedächtnis bleibt«*, so Ursula Stingl. Sich mit den edlen Persönlichkeiten aus Augsburgs Vergangenheit im Reigen durch den Raum zu bewegen, ist eine ganz neue Erfahrung. Es ist ein einfacher Tanz, gemacht für Anfänger, die Schritte prägen sich schnell ein. Bartholomäus V. Welser gibt Anweisungen per Hand und leise geflüstert, er ist ein guter Lehrmeister. Kein Wunder, dass er auch in Handelsgeschäften so erfolgreich war, er versteht sein Metier.

Der Augsburger Geschlechtertanz

Zu finden war und ist Bartholomäus V. Welser auch auf dem *Augsburger Geschlechtertanz*. *»Hier tanzte die städtische Oberschicht, die Geschlechter, wie die Patrizierfamilien der Fugger und Welser. Treffpunkt war das Tanzhaus am Weinmarkt, der jetzigen Maximilianstraße«*, erklärt Ursula Stingl. Für die historischen Tänze, gezeigt im Fugger und Welser Erlebnismuseum, haben die Aktiven mehrere Monate geprobt. Heute mit dabei im Fürstenzimmer, wird vorstellbar, dass auf diesen Veranstaltungen Geschäfte und Handel getätigt und Hochzeiten geschmiedet wurden. Als die letzten Töne verklingen, gehe ich *in die Röcke* und mache einen tiefen Knicks in Jeans statt ausladendem Rock, angeleitet durch Bartholomäus V. Welser, der sich elegant vor mir verbeugt.

Mitmachen bei Augsburgs Historie

Die Interessengemeinschaft probt einmal wöchentlich am Montag im Kleinen Wollmarktsaal. Dem Alter, der gemeinsamen Freude und Fröhlichkeit miteinander sind keine Grenzen gesetzt, *»wir haben Aktive zwischen 23 und 72 Jahren«*, sagt Ursula Stingl. Gewänder können erst mal bei Willi Stingl ausgeliehen werden. Er ist der Herr über den Fundus und kleidet Magd, Bürger und Patrizier ein. Farben, Formen und Schnitte stimmen mit historischen Vorbildern überein. *»Das wissen wir von Gemälden.«* Die Augsburger Taille saß im 15. Jahrhundert übrigens höher als anderswo, zu sehen ist das auf Abbildungen des Geschlechtertanzes. Ansonsten galt: Blau war dem Adel vorbehalten, Purpur den kirchlichen Würdenträgern. Patrizier verzierten ihre Gewänder mit Borten, Perlen und edlen Steinen oder wählten gemusterte Stoffe. Schneidermeisterin Ursula Leinen aus dem Ulrichsviertel fertigt die Gewänder nach historischen Schnitten und Farben, ein Patriziergewand kostet ab 2000 Euro, für Mägde und Landsknechte sind sie günstiger. Oder der Weg führt zu Willi Stingl in den Fundus – hier gibt es ein Gewand zu moderaten Leihgebühren fürs Reinschnuppern in Augsburgs edle Vergangenheit. 🐓

KONTAKT
Interessengemeinschaft »Historisches Augsburg e.V.«
Spitalgasse 9, Augsburg, Telefon: 0821 50 81 40-0
www.ig-historisches-augsburg.de

MACHER
NISCHENBESETZER
WELTMARKTFÜHRER

Unternehmer heute

Mit Mut, Unternehmergeist und einigen weiteren Voraussetzungen gelingt es Gründern immer wieder, erfolgreiche Firmen aufzubauen. Nicht immer sind sie so groß wie die Imperien der Fugger und Welser. Doch was unterm Strich zählt, sind der unternehmerische und persönliche Erfolg sowie der gesellschaftliche Benefit, gemessen an Steueraufkommen und Arbeitsplätzen. Meist sind es Familienunternehmen, die nicht auf den schnellen Profit schielen, sondern die auf Erhalt ausgerichtet sind, auf die Weitergabe an die nächste Generation. Mit drei solcher Familienunternehmer in Bayerisch-Schwaben haben wir gesprochen. Über ihre Firmen, ihre Werte, ihre Erfolgsfaktoren.

VON INGRID ERNE UND HEIKE SIEBERT

Das Dierig-Werk in Langenbielau, Schlesien.

» KEIN GROSSES KAPITAL, SONDERN UNTERNEHMERISCHER INSTINKT. «

Dierig, einst das größte Textilunternehmen auf dem Kontinent mit mehr als 15.000 Mitarbeitern, hat seine Wurzeln im schlesischen Langenbielau. Dort bewies der junge Handweber Christian Gottlob Dierig Mut und gründete 1805 ein textiles Verlagsgeschäft. Aus gekauften Garnen ließ er von Lohnwebern Gewebe herstellen, die er unter seinem Namen verkaufte. Mit der Errichtung einer Fabrik begann 1830 die Eigenproduktion im größeren Stil. Die Investition in moderne Technik, wie etwa Webstühle mit Jacquardmaschinen oder später Dampfmaschinen, waren mitausschlaggebend für die sich anschließende Erfolgsgeschichte. Damit einher ging die Suche nach neuen Absatzmärkten, zunächst im Osten und in Berlin. In den 1930er Jahren unterhielt Dierig Vertretungen und Niederlassungen in aller Welt.

Kein großes Kapital stand also am Beginn, sondern unternehmerischer Instinkt: der Handel und das Erkennen von Kundenwünschen und Absatzmärkten sowie die Nutzung der vorhandenen Ressourcen. Erfolgsfaktoren, wie sie auch die Fugger und Welser kennzeichneten. ☞

Christian Dierig.

DIERIG
DER MACHER

*Mit Weitblick
durch den
Strukturwandel*

DIERIG HOLDING AG
Gründungsjahr: 1805
Mitarbeiter: 200
Sitz: Augsburg
Niederlassungen: Österreich, Schweiz
Unternehmensbereiche:
Heimtextilien, Gewebe, Immobilien
Jahresumsatz 2014: 73 Millionen Euro

»

DAS GEHEIMNIS BESTEHT DARIN, ANTIZYKLISCH ZU HANDELN.

«

Neuanfang in Augsburg

Die Geschichte der Dierigs in Augsburg beginnt 1918 nach dem I. Weltkrieg. »*Mein Urgroßvater ahnte, dass noch ein Krieg kommt und dass ihn Deutschland wiederum verlieren wird*«, berichtet Christian Dierig, im Vorstand der heutigen Dierig Holding AG und Familienunternehmer in sechster Generation. Deshalb kaufte Friedrich Dierig jr. Fabriken an mehreren deutschsprachigen Standorten, unter anderem in Augsburg. Hierhin zog es seinen Enkel Christian Gottfried nach der Rückkehr aus der Kriegsgefangenschaft, er arbeitete mit am schwierigen Wiederaufbau. Augsburg wurde zur neuen Firmenzentrale, und in den 1960er Jahren ist Dierig wieder Deutschlands größtes Textilunternehmen.

Der Strukturwandel kündigte sich aber in den 1980er Jahren an. Er sollte Deutschlands Textilindustrielandschaft nachhaltig verändern. Der junge Christian Dierig hatte Auslandserfahrung, er wusste genau, was die Asiaten konnten. »*Als ich dann mit meinem*

Vater durch Asien reiste, war es zwar schrecklich für ihn zu sehen, was dort passierte. Aber danach war auch klar: Bestimmte Produkte kann man in Deutschland nicht mehr rentabel herstellen.« Nach der deutschen Wiedervereinigung 1990 lockte der Staat mit hohen Subventionen für die Standortverlagerung nach Osten. Dierig widerstand, denn »*diesen Wettlauf mit den Billigproduktionsländern kann man nicht gewinnen.*«

Kluge Entscheidung

Die meisten der einst blühenden Betriebe der Textilindustrie in Deutschland gibt es nicht mehr. Augsburg als Textilstandort war besonders von Schließungen und Arbeitsplatzverlust betroffen. Warum hat Dierig überlebt? »*Man muss Entscheidungen dann treffen, wenn*

man sie noch finanzieren kann,« sagt Christian Dierig. »*Wir waren die ersten, die gesagt haben, dass die Produktion verlagert werden muss. Aber außer uns hat es keiner gemacht. Viele haben zu spät begriffen, dass es sich nicht nur um eine schlechte Saison, sondern um einen Strukturwandel handelt.*« Tausende Webstühle und Spinnmaschinen hat Dierig nach Asien und einen Teil nach Tschechien verkauft – als erster, und bekam deshalb noch gutes Geld dafür.

Dierig steht heute – und hier schließt sich der Kreis wieder zum Beginn – für den Handel: mit hochwertigen Geweben, Heim- und Objekttextilien sowie für technische Gewebe. Die Bettwäschemarken Fleuresse und Kaeppel werden in Ostdeutschland und in der Türkei produziert. Und die ehemaligen Produktionsstandorte verwaltet und verwertet die neue Sparte Dierig Immobilien. Auch die bewies Weitblick: Sie kaufte das Augsburger Schlachthof-Areal und entwickelte ein Konzept z. B. für Mietpartner Hasenbräu, als die Immobilienpreise noch bezahlbar waren. »*Das große Geheimnis besteht darin, antizyklisch zu handeln,*« so Christian Dierig. Jakob Fugger und Bartholomäus Welser hätte das gefallen.

GESA HYGIENE-GRUPPE
DER NISCHENBESETZER

Wertschätzung und Respekt

Manfred Schönfelder.

GESA HYGIENE-GRUPPE
Gründungsjahr: 1984
Mitarbeiter: 120
Sitz: Augsburg
Niederlassungen: 5
Jahresumsatz 2014: 12 Millionen Euro

Innerhalb von 30 Jahren wurde aus einem kleinen Augsburger Hygiene-Dienstleister eine bundesweit agierende Gruppe mit 120 Mitarbeitern. Mit 100 m² Lagerraum in Derching und einer Handvoll Mitarbeiter fing es 1984 an. Manfred Schönfelder und Dieter Böhner gründeten die Gesa Umwelthygienetechnik. Küchen-, Sanitär- und Damenhygiene – damit besetzte man eine relativ konjunkturunabhängige Nische. »Schon ab dem zweiten Geschäftsjahr machten wir Gewinn.« Zug um Zug wurden die Geschäftsfelder erweitert: Raumlufthygiene, Trinkwasseruntersuchungen, Hygieneinspektionen, Schädlingsfreihaltung und Schulungen kamen hinzu, ebenso Niederlassungen im ganzen Bundesgebiet und in der Schweiz.

Unter dem Dach der Gesa Hygiene-Gruppe operieren die Geschäftsbereiche eigenständig, an den einzelnen GmbHs sind inzwischen weitere Familien beteiligt. Die Geschäftsführungen bestehen jeweils aus Familienmitgliedern und angestellten Managern. »Ich halte viel von einer Erfolgsbeteiligung der Manager«, sagt Manfred Schönfelder. Auch die Aufteilung sieht er positiv: »Die Firmen können sich selbstständig entwickeln und werden damit erfolgreicher sein als eine Unternehmensabteilung.«

Gründungsgesellschafter Manfred Schönfelder ist Vorstandsmitglied im Regionalkreis Schwaben des Verbands ASU / Die Familienunternehmer. »Familienunternehmen ticken anders«, weiß er. »Typischerweise haben sie eine langfristige Perspektive mit dem Ziel, das Unternehmen an die nächste Generation weiterzugeben. Der Großteil des erwirtschafteten Gewinns bleibt im Unternehmen, um zu investieren.« Eine Sichtweise, die sicherlich auch die Fugger und Welser einnahmen. In Zeiten des Shareholder-Value gilt dies nicht mehr uneingeschränkt. Doch nach den diversen Turbulenzen der letzten Jahre an den Aktienmärkten gibt es eine Rückbesinnung auf die Werte, die in Familienunternehmen nach wie vor gelebt werden.

»Wertschätzung und Respekt sind die Faktoren einer erfolgreichen Unternehmensführung«, sagt Manfred Schönfelder. Nur wer selbst Wertschätzung erfahre, handele auch im Umgang mit Kollegen und Kunden entsprechend. Und darauf sei man als Dienstleister in hohem Maße angewiesen: »Wir bestehen doch nur gegenüber Großkonzernen, wenn wir die bessere Dienstleistungsqualität bieten.« Anders als ein angestellter Manager, der Ergebnisse liefern muss, begreifen Unternehmer ihre Firma wie ein eigenes Kind. Eine Familie, in die die meist langjährigen Mitarbeiter einbezogen sind: »Wir stehen zu ihnen, auch wenn sie einmal nicht mehr so leistungsfähig sind.«

Haben Familienunternehmen eine Zukunft? Für Manfred Schönfelder steht das außer Frage: »In Deutschland wird es immer Familienunternehmen geben. Sie werden weiterhin eine gute Zukunft haben und man kann junge Leute nur ermutigen, diesen Schritt zu tun.«

WANZL
DER WELTMARKT-FÜHRER

Die Jahrhundert-Idee
Einkaufswagen wird zum Welterfolg

Gottfried Wanzl.

WANZL METALLWARENFABRIK GMBH
Gründungsjahr: 1947
Mitarbeiter: über 4.500
Sitz: Leipheim
Niederlassungen: weltweit 21
Jahresumsatz 2014: über 600 Millionen Euro

Der Einkaufswagen ist ein selbstverständlicher Teil unseres täglichen Lebens. Doch wer weiß, dass der Einkaufswagen eng mit der jüngsten Wirtschaftsgeschichte Bayerisch-Schwabens verbunden ist?
Drehen wir das Rad der Zeit zurück zum Frühjahr 1945: Deutschland gleicht nach fast sechs mörderischen Kriegsjahren einer

Trümmerlandschaft. Bereits im Februar 1944 zerstört die verheerende Bombennacht in Augsburg große Teile der Innenstadt. Die goldene Stadt der Renaissance, die Stadt der Fugger und Welser, liegt in Schutt und Asche. Das tägliche Überleben, der Hunger, die Suche nach Lebensmitteln bestimmen den Alltag der Bevölkerung in Augsburg und in Schwaben. ☞

1946: Rudolf Wanzl kommt in Schwaben an

Millionen Menschen fliehen aus den Ostgebieten des ehemaligen Deutschen Reiches in Richtung Westen oder werden vertrieben. Einer davon ist Rudolf Wanzl, gerade einmal 22 Jahre jung, groß geworden in Giebau / Sudetenland. Im November 1946 kommt er aus der Kriegsgefangenschaft frei und wagt einen Neuanfang im Schwäbischen. In Leipheim sind Mutter und Vater untergekommen, die mit einer Schlosserei für Waagenbau und Reparaturdienst bei Null anfangen. In Giebau hatten sie einen kleinen Schlossereibetrieb, doch keine einzige Maschine können sie von dort mitnehmen. Der Neuanfang der Firma Wanzl im schwäbischen Leipheim ist kein Honigschlecken. Senior-Meister Wanzl fährt in Metzgereien hinaus und verkauft seine selbst gebauten Waagen. Ein hartes Brot, aber es geht stetig voran.

Mit dem Einkaufswagen startet die Selbstbedienung

Unternehmerische Initiative und das Gespür für den Markt sind entscheidend für die Entwicklung in den kommenden Jahren. Rudolf Wanzl junior ist eine Unternehmerpersönlichkeit mit Visionen und Ideen. 1948 baut er den ersten Einkaufswagen. Im gleichen Jahr startet das erste Pilotprojekt der Selbstbedienung in Augsburg, Wanzl Produkte kommen zum Einsatz. 1950 erhält der junge Wanzl ein Patent auf seinen stapelbaren Korb mit klappbarem Bügel, 1951 folgt ein Patent auf den ersten Einkaufswagen mit festem Korb. Ab diesem Zeitpunkt geht es steil bergauf, der Selbstbedienung gehört die Zukunft. In den Jahren der Not in Nachkriegsdeutschland ist das ein revolutionärer Gedanke. 1953 fliegt Rudolf Wanzl junior in die USA. Er schaut sich Supermärkte an. Danach steht für ihn fest: Das mache ich auch, in Europa. Er fertigt Muster, schafft einen Ausstellungsraum. NCR in Augsburg stellt Supermarktkassen her, Wanzl die Wagen. »Mein Vater war ein

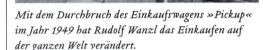

AB 1951 GEHT ES STEIL BERGAUF. DER SELBSTBEDIENUNG GEHÖRT DIE ZUKUNFT.

Mit dem Durchbruch des Einkaufswagens »Pickup« im Jahr 1949 hat Rudolf Wanzl das Einkaufen auf der ganzen Welt verändert.

Vordenker, ein Techniker, Erfinder und Tüftler und ein Mensch mit hoher sozialer Verantwortung«, sagt sein Sohn Gottfried Wanzl, heutiger Aufsichtsratsvorsitzender der Wanzl Unternehmensgruppe.

Auf dem Weg zum Global Player

Mitte der 1950er Jahre kommt der SB-Handel in Europa ins Rollen. Bereits 10 Jahre später beschäftigt Wanzl 400 Mitarbeiter, der Umsatz steigt auf über 16 Millionen D-Mark. 1962 siedelt sich Wanzl in der Fuggerstadt Kirchheim mit einem weiteren Werk an. In den 1970er und 1980er Jahren werden Niederlassungen in Holland, Österreich und in der Schweiz, in Großbritannien, Frankreich und Belgien gegründet. Wanzl ist mit seinen Einkaufswagen inzwischen europäischer Marktführer. Die Zeit rollt mit Tempo voran und Wanzl mit ihr. Die globalen Märkte lassen den Wettbewerb intensiver und die Veränderungen dynamischer, die Kundenanforderungen individueller und die Lebenszyklen von Produkten immer kürzer werden. Rudolf Wanzl weiß das. Der einstige Handwerksbetrieb ist längst weltweit tätig und wird als Familienunternehmen mit hoher sozialer Verantwortung gegenüber den Mitarbeitern geführt. Geht Rudolf Wanzl durch seinen Betrieb, klingt das »Grüß Gott« der Angestellten nie pflichtschuldig. Denn er ist eine starke Persönlichkeit, die gut mit Menschen umgehen kann. Und als Unternehmer hat er ein goldenes Händchen und das Glück, ohne das die Entwicklung vom Handwerksbetrieb zum Global Player nicht möglich gewesen wäre. Für diese Leistung wird er Jahre später mit dem Bayerischen Gründerpreis für sein

Lebenswerk und mit dem Verdienstkreuz I. Klasse der Bundesrepublik Deutschland ausgezeichnet.

Wanzl heute – Weltmarktführer, Schrittmacher und Partner der Kunden

»Wanzl steht für Dynamik, Verlässlichkeit, Fortschritt, Partnerschaft und soziale Verantwortung«, sagt Gottfried Wanzl. Er hat das Erbe von Vater Rudolf und Großvater Rudolf übernommen: Als heute in dritter Generation inhabergeführtes Familienunternehmen mit über 4.500 Mitarbeitern, davon rund 2.400 in Deutschland, weltweit 11 Produktionsstandorten, 21 Vertriebsniederlassungen und zahlreichen internationalen Vertretungen profitieren Kunden von einem soliden Fundament mit hoher Flexibilität und Innovationskraft sowie von einer langfristig orientierten Unternehmenspolitik. Die Fugger und Welser, vor Jahrhunderten selbst mit ihren Faktoreien in Europa und Übersee tätig, würden staunen, wie internationaler Handel im 21. Jahrhundert funktioniert. Wanzl ist immer vor Ort, auf allen Kontinenten der Welt. Der Weltmarktführer für Einkaufswagen und Gepäcktransportwagen ist heute einer der international führenden Partner des globalen Handels und hat den Qualitätsmarkenbegriff »MADE BY WANZL« schon längst in neue Anwendungsbereiche anderer Branchen getragen. Inzwischen bietet Wanzl über 100.000 Produkte, Lösungen und Innovationen in einer Qualität ohne Kompromisse: für die Präsentation und den Transport von Waren auf der Verkaufsfläche. Für die Kommissionierung und Lagertechnik von Logistik und Industrie. Überall dort, wo Produkte mit Rädern und Rollen im Einsatz sind, ist Wanzl unterwegs – auch in Hotels und auf Flughäfen. Zusätzlich sichern Zutrittskontrollen von Wanzl Eingänge und sensible Bereiche. 🍎

CLARA WIDOLF (†1378)
ELISABETH GFATTERMANN (†1436)
BARBARA BÄSINGER (1419–1497)

DIE KLUGEN FRAUEN DER FUGGER

OBEN RECHTS: *Barbara Bäsinger.*
LINKS: *Clara Widolf.*
UNTEN: *Elisabeth Gfattermann.*

»*Nicht nur die Väter, auch die Mütter haben das Werden der Fugger gestaltet.*« *Diese Aussage stammt von dem bedeutenden Fugger-Biografen Götz Freiherr von Pölnitz. Grund genug, einen Blick auf die Frauen der frühen Fugger in Augsburg zu werfen.*

VON DR. MARTHA SCHAD

Die Genealogie des Hauses Fugger von der Lilie beginnt mit Maria Fugger-Meisner aus Kirchheim, die mit ihrem Mann Hans Fugger zu Graben an der Straße auf dem Lechfeld wohnte. Sie war die Mutter des Webers Hans Fugger, der 1367 nach Augsburg zog, wohl wissend, dass in der Reichsstadt tüchtigen Handwerkern guter Verdienst winkte. Das Bürgerrecht und die Handwerksgerechtigkeit konnten damals auf zweierlei Art erworben werden: entweder durch Heirat mit einer Tochter oder Witwe eines Webmeisters oder durch den Kauf des Bürgerrechts.

Hans Fugger entschied sich für die Eheschließung und heiratet 1367 Clara Widolf, die Tochter des Zunftmeisters der Weber, Oswald Widolf. Hans und Clara wohnten bei

1525
2015

WIE DIE FUGGER DAS STADTBILD PRÄGTEN

*Repräsentative
Inveſtitionen in der
Renaiſſance*

STANDORTE IN AUGSBURG

WIESELHAUS
FUGGER UND WELSER
ERLEBNISMUSEUM

DOM

HEILIG KREUZ

AUGUSTUSBRUNNEN
1 RATHAUS

7 FUGGEREI

WELSERHAUS

ST. ANNA **2**

3 FUGGERDENKMAL

MERKURBRUNNEN

ST. MORITZ

FUGGERHÄUSER **4**

MERKURBRUNNEN

ST. KATHARINA **5**

WOHNHAUS PHILLIP
EDUARD FUGGERS

ST. MARGARETH

6 ST. ULRICH UND AFRA

ZUSAMMENSTELLUNG:
MARTIN KLUGER

N

AUGSBURG

0   100   200 m

DONAUWÖRTH **9**

SCHLOSS UND
ST. NIKOLAUS OBERNDORF

FUGGERHÄUSER
DILLINGEN

SCHLOSS
NORDENDORF

SCHLOSS GLÖTT

ST. JAKOBUS BIBERBACH

WELDEN **10**

GÜNZBURG

SCHLOSS GABLINGEN

SCHLOSS BLUMENTHAL

NEU-ULM

AUGSBURG

SCHLOSS
WELLENBURG

8 WEISSENHORN

SANKT WOLFGANG
MICKHAUSEN

MARIA KAPPEL
SCHMIECHEN

MARIÄ HIMMELFAHRT
KIRCHHASLACH

12 KIRCHHEIM

11 BABENHAUSEN

ST. MARTIN BOOS

AMBERG **13**

MINDELBURG
MINDELHEIM

MEMMINGEN

MARIA SCHNEE
MARKT RETTENBACH

...UND IN
SCHWABEN

SCHLOSS
GRÖNENBACH

KEMPTEN

FÜSSEN

N

SCHWABEN

0   10   20   30 km

den Schwiegereltern hinter dem Stift Heiligkreuz. Die Wohnverhältnisse der Weber waren dort schlecht, aber immer noch nicht so bedrückend wie in der Jakobervorstadt.

Nach dem frühen Tod von Clara Fugger entschloss sich Hans Fugger zur Eheschließung mit Elisabeth Gfattermann (gestorben 1436), der Tochter eines reichen Ratsherrn und bedeutenden Mitglieds der Weberzunft. Das Paar zog in ein beim *Gögginger Tor vor dem Brunnen* gelegenes Anwesen, das Hans Fuggers Schwiegermutter vom Chorherrenstift St. Moritz »auf den Leib verliehen« war und nach deren Tod an das Ehepaar Hans und Elisabeth Gfattermann überging. Im Jahr 1397 schaffte Hans Fugger den Sprung in die Oberstadt. Durch seine Arbeit und die *Habe seiner Frauen* konnte er das prächtige *Haus am Rohr* erwerben, direkt an der Reichsstraße (die heutige Maximilianstraße 21) gegenüber dem Zunfthaus der Weber und der St. Moritz-Stiftskirche.

Elisabeth hält das Vermögen zusammen

Hans Fugger starb schon 1408. Seine Frau Elisabeth überlebte ihn um 28 Jahre. Die Witwe erwies sich als äußerst geschäftstüchtig. Sie verhinderte eine Zersplitterung des Familienvermögens durch Erbteilung und erhielt ihren Nachkommen den städtischen Hausbesitz und mehrere ländliche Liegenschaften. Darunter waren Güter zu Burtenbach, Scheppach und Hiltenfingen und der ihr vom Augsburger Dominikanerkloster überlassene Garten vor dem Gögginger Tor. 1428 versteuerte Elisabeth Fugger ein Vermögen von 3.960 Gulden und am Ende ihres Lebens sogar 5.000 Gulden. Von den fünf Kindern des Ehepaares überlebten nur zwei das Kindesalter: Andreas, der die Linie Fugger vom Reh und Jakob der Alte, der die Linie Fugger von der Lilie begründete.

Elisabeth Fugger schaffte es immerhin, im Jahr 1417 mit 24 ½ Gulden Steuer um 1 ½ Gulden höher zu liegen als der mächtige Bartholomäus Welser. Wenn Witwen nach dem Tod ihres Mannes dessen Arbeit fortsetzen wollten, so wurde dies von den Zünften genehmigt.

Jakob war wie sein Bruder Andreas auf Wunsch der Mutter in die Goldschmiedelehre gegangen, ein Handwerk, das eine wichtige Stufe im Aufstieg der Fugger darstellt. Dazu kam eine kluge Heiratspolitik. Jakob Fugger heiratete 1441 Barbara Bäsinger, die Tochter des einflussreichen Goldschmieds und Münzmeisters Franz Bäsinger. In den Jahren 1441 bis 1461 kamen elf Kinder zur Welt.

Geschäftstüchtige Barbara

Jakob Fugger d. A. verstarb nach 27jähriger Ehe. Seine Witwe überlebte ihn um 28 Jahre, wie dies auch bei seinen Eltern der Fall gewesen war. Jakob d. A. hinterließ ein Vermögen von 15.000 Gulden. Barbara Fugger war so geschäftstüchtig wie ihre Schwiegermutter. Sie mehrte das Vermögen auf 23.293 Gulden. Über sie heißt es: »*Seine Witwe, Barbara, betrieb mit Erfolg den Handel mit Wolle, Baumwolle, Barchent, Seidenwaren, Südfrüchten und Gewürzen.*« Ein Stück sozialer Aufstieg spiegelt sich in dem Erwerb eines Kirchenstuhles bei St. Moritz durch die Witwe. In der St. Ulrichsbruderschaft sind als erste Mitglieder des Hauses Fugger *Barbara Fuggerin, Wittib* und ihre Kinder nachweisbar.

Besonders beachtenswert ist die Tatsache, dass die Witwe Barbara mit ihren Kindern eine Erbengemeinschaft im Sinne des Augsburger Stadtrechts bildete. Für den Zeitraum von 1475 bis 1500 konnte eine Vermögenssteigerung von 1.037 Prozent festgestellt werden.

Barbara Fugger hat kein Testament hinterlassen. Ihre Habe wurde unter den sechs lebenden Kindern zu gleichen Teilen dem gesetzlichen Erbrecht gemäß aufgeteilt.

Erst nach ihrem Tode 1497 erlangten die Fugger-Brüder die vollständige Verfügungsgewalt über das Familienvermögen. Barbara Bäsingers jüngster Sohn Jakob, später genannt *der Reiche*, baute ein internationales Handelsimperium auf. Und darin spielten die Ehefrauen im Kontor keine ausschlaggebende Rolle mehr. Der ehemalige Friedhof an der Nordseite der St. Moritz-Kirche wurde zur Begräbnisstätte der frühen Fuggerinnen.

Durch eine sehr geschickte Heiratspolitik gehen die Fugger Verbindungen mit dem Patriziat, dem niederen und hohen Adel in Deutschland und Österreich ein. Die Lebenswege dieser Frauen sind spannend. Eine Fuggerin unternahm eine Wallfahrt nach Rom mit ihrer vom Teufel besessenen Magd. Fuggersche Töchter traten in Klöster ein. Die Frauen der Fugger wurden Gönnerinnen der Jesuiten und spielten in Augsburg und Ortenburg eine wichtige Rolle in der Zeit der Reformation und Gegenreformation. 🌿

»

ELISABETH FUGGER ERWIES SICH ALS ÄUSSERST GESCHÄFTS- TÜCHTIG.

«

LITERATUR
Dr. Martha Schad:
Die Frauen des Hauses Fugger von der Lilie
5. Auflage, München 2014

PHILIPPINE WELSER

Die Augsburger Patrizierin Philippine Welser (1527 – 1580) wurde mit 29 Jahren im Januar 1557 in der Burgkapelle von Bresnitz heimlich die nicht standesgemäße Ehefrau des Kaisersohns Ferdinand, des späteren Erzherzogs von Tirol. Sie bekam von ihrem Gemahl Schloss Ambras zum Geschenk und residierte dort mit ihrer Familie. Erst 1576 entband Papst Gregor XIII. die Eheleute vom Gelübde der Geheimhaltung der Ehe, die damals schon 18 Jahre gewährt hatte. Der Grund dafür war die Ernennung des ältesten Sohnes Andreas zum Kardinal. Für die Erlangung dieser hohen kirchlichen Würde war die eheliche Geburt Voraussetzung. Philippine wurde in den Stand einer »Freiin von Zinnenburg« erhoben. Philippine wirkte segensreich in Tirol. Sowohl ihr Arzneibuch, ein einzigartiges Dokument der Volksheilkunde dieser Zeit, als auch ihre Kochrezeptsammlung befinden sich auf Schloss Ambras. Die von ihren Untertanen als »Mutter von Tirol« bezeichnete Philippine ruht in der Silbernen Kapelle in der Hofkirche in Innsbruck. Das Grabmal schuf der berühmte Bildhauer Alexander Collin.

Vor allem die Fugger haben in Bayerisch-Schwaben viele Spuren hinterlassen. Eine Auswahl der wichtigsten Sehenswürdigkeiten.

① RATHAUS

Die Memorialtafel am Südportal des Goldenen Saals führt unter den Mitgliedern des Rats Hans Fugger und David Welser auf. Als einer der drei Baumeister wird Hans Bartholomäus Welser genannt.

② ST. ANNA

Die ab 1509 erbaute Fuggerkapelle in St. Anna ist wohl der erste kirchliche Renaissancebau Deutschlands. Hier ließen sich Jakob Fugger und seine Brüder Ulrich und Georg bestatten. Grabsteine mit dem Welserwappen findet man im Klosterkreuzgang und bei der Fuggerkapelle.

③ FUGGERDENKMAL

Auf dem Fuggerplatz wurde 1857 das Denkmal Hans Jakob Fuggers aufgestellt. Ein paar Schritte entfernt findet man ehemalige Häuser der Fugger und Welser.

④ FUGGERHÄUSER

Der Stadtpalast wurde ab 1512 von Jakob Fugger errichtet und später erweitert. Der 1515 fertiggestellte Damenhof ist ein früher Profanbau der deutschen Renaissance. Hans Fugger richtete in dem ab 1566 erbauten Trakt am Zeugplatz die »Badstuben«, seine Bibliotheks- und Sammlungsräume ein.

⑤ ST. KATHARINA

Die profanierte Dominikanerinnenklosterkirche beherbergt die Staatsgalerie Alte Meister. Dort sieht man neben Albrecht Dürers Porträt von Jakob Fugger auch zwei von Priorin Veronika Welser gestiftete Gemälde Hans Holbeins d. Ä. und Hans Burgkmairs.

⑥ ST. ULRICH UND AFRA

In der Basilika stifteten Fugger fünf Grabkapellen und die Fuggerorgel. Gewölbeschlusssteine in der Kirche zeigen Wappen der Fugger und Welser.

⑦ DIE FUGGEREI

Jakob Fugger stiftete 1521 die älteste bestehende Sozialsiedlung der Welt. In 67 Häusern mit 140 Wohnungen leben 150 katholische Augsburger für eine Jahreskaltmiete von 0,88 Euro. Sie sprechen als Gegenleistung einmal täglich drei Gebete für den Stifter und seine Familie. 1965 wurde die Leonhardskapelle aus einem 1944 zerstörten Welserhaus im Senioratsgebäude eingebaut.

⑧ WEISSENHORN

1507 erwarb Jakob Fugger als ersten großen Besitz der Familie die Grafschaft Kirchberg und die Herrschaft Weißenhorn. An das gotische Neuffenschloss ließ Jakob Fugger 1513/14 das »Neue Schloss« anbauen. Diese Stadtschlösser dienen heute als Rathaus.

⑨ DONAUWÖRTH

Anton Fugger erwarb 1536 die Reichspflege Wörth. Er ließ ab 1537 das mächtige Donauwörther Pfleghaus mit hohen Zinnengiebeln errichten.

⑩ WELDEN

Die Herrschaft Welden wurde 1597 von den Fuggern erworben. Graf Joseph Maria Fugger-Babenhausen stiftete dort 1756 die Kirche St. Thekla. Den Stifter und die heilige Thekla sieht man fast lebensgroß an einem der Stiftungsaltäre.

⑪ BABENHAUSEN

1538/39 erwarb Anton Fugger die Herrschaft Babenhausen und ließ das Schloss grundlegend umgestalten. Seit 1955 beherbergt es das Fuggermuseum. In der angrenzenden Kirche St. Andreas findet man das Epitaph des Bauherrn.

⑫ KIRCHHEIM

Anton Fugger erwarb 1551 die Herrschaft Kirchheim, sein Sohn Hans baute ab 1578 das Schloss mit dem prachtvollen Zedernsaal. Für den Prunksaal modellierten Hubert Gerhard und Carlo Pallago zwei Figurenzyklen. In der Kirche St. Petrus und Paulus zeigt ein Hochgrab die Liegefigur Hans Fuggers.

⑬ AMBERG

1551 wählte Bartholomäus V. Welser Amberg als Alterssitz. Die Deckplatte der 1557 gebauten Gruft in der Kirche Mariä Heimsuchung sieht man unter der Kanzel. Bartholomäus Welser und seine Ehefrau zeigt ein um 1530/40 entstandenes Epitaph im Vorbau. Im Inneren findet man weitere Welser-Epitaphe.

FUGGER HEUTE

»
ÜBERZEUGUNG UND HERZBLUT SIND NÖTIG.
««

DAS GESPRÄCH MIT ALEXANDER GRAF FUGGER VON BABENHAUSEN FÜHRTEN INGRID ERNE UND ILJA SALLACZ

Alexander Graf Fugger von Babenhausen führt seit 2008 die Geschäfte der Fürst Fugger Zentralverwaltung. Er wohnt und arbeitet in Augsburg-Wellenburg, kümmert sich um Forstverwaltung und Stiftungen sowie um Liegenschaften wie die Schlossanlagen Wellenburg und Babenhausen. Und er wird einmal die Nachfolge seines Vaters, Fürst Hubertus, als Chef des Hauses Fugger-Babenhausen antreten. Ilja Sallacz und Ingrid Erne vom TATENDRANG-Redaktionsteam begleiteten ihn auf seinem ersten Rundgang durch das Fugger und Welser Erlebnismuseum. Sie nutzten die Gelegenheit zum Gespräch.

Wie viele »Fugger« gibt es denn heute noch in Schwaben?
Wenn wir von der Linie *Fugger von der Lilie* sprechen, die auf Jakob Fugger den Alten zurückgeht, sind es die Grafen *Fugger-Kirchberg* in Illerkirchberg, die Fürsten *Fugger von Glött* in Kirchheim sowie die Fürsten *Fugger-Babenhausen* in Augsburg und Babenhausen. Das dürften zusammen so um die 30 Familienmitglieder sein.

Sie sind in Augsburg auf Schloss Wellenburg aufgewachsen?
Ja – zusammen mit meinen vier Geschwistern, von denen ich der Mittlere bin. In Göggingen habe ich die Grundschule besucht, in Neusäß das Gymnasium. Den Schulabschluss habe ich dann aber in den USA gemacht und anschließend auch dort studiert.

Was haben Sie studiert? Und welche berufliche Laufbahn schloss sich an?
Ich habe in Harvard Ökonomie studiert und arbeitete danach in London im Finanzbereich, erst bei einer amerikanischen Bank und danach bei einer Investmentgesellschaft. 2008 ging ich dann nach Augsburg zurück, um die Nachfolge meines Vaters im Unternehmen anzutreten.

Die kaufmännischen Gene haben also bei Ihnen voll durchgeschlagen?
Ich weiß nicht, ob das mit meiner Familiengeschichte zusammenhängt – auf jeden Fall hatte ich immer lieber mit Zahlen als mit Wörtern zu tun. Meine älteste Schwester Franziska ist künstlerisch

Wo leben eigentlich die Nachfahren der Fugger?
Und was machen sie heute?
Sind sie immer noch erfolgreiche Unternehmer?
Wie verwaltet man solch ein Erbe?
Einer stand uns Rede und Antwort:
Alexander Erbgraf Fugger von Babenhausen.

und sprachlich begabt. Anastasia hat eine Passion für Meeresbiologie. Mein Bruder Leopold ist in einem großen Agrarunternehmen beschäftigt und führt noch einen eigenen Forstbetrieb in Markt Wald. Nikolaus, der Jüngste, studiert Politikwissenschaften.

Was gehört denn alles zu Ihren Aufgaben?
Das ist zunächst die Verantwortung für den Familienbetrieb oder das *Stammgut*, wie wir es nennen: die Forstwirtschaft, die Fuggerhäuser und die Schlossanlagen.
Einerseits geht es um das Führen des Wirtschaftsbetriebs, andererseits um die Pflege des Kulturguts der Linie – die Instandhaltung der Anlagen zu finanzieren und sie durch eine sinnvolle Nutzung zu erhalten. Darüber hinaus bin ich in München noch selbst unternehmerisch tätig. Da beschäftigen wir uns mit mittelständischen Investitionsthemen.

Das klingt nach viel Arbeit. Zusätzlich engagieren Sie sich ja auch noch bei den Fuggerschen Stiftungen.
Ja, aber wir sind alle von Kindesbeinen an mit den Fuggerschen Stiftungen aufgewachsen und sich dort zu engagieren ist selbstverständlich. Seit Anfang des Jahres habe ich meinen Vater im Familienseniorat abgelöst. Dort nehmen Mitglieder der drei Fuggerschen Linien ehrenamtlich Aufgaben ähnlich einem Aufsichtsrat wahr und treffen Entscheidungen im Sinne der Stiftungen. An oberster Stelle stehen der Erhalt der Fuggerei als ältester Sozialsiedlung der Welt und die Unterstützung ihrer Bewohner. Darüber hinaus fördern wir zum Beispiel wissenschaftliche Publikationen, unterhalten ein Archiv und ähnliches. Kürzlich wurde ein Wissenschaftspreis zusammen mit der Universität Augsburg ins Leben gerufen. ☞

Gespräch mit Alexander Graf Fugger von Babenhausen im Garten des Fugger und Welser Erlebnismuseums.

Wie die Fugger und Welser –
fürs Image handeln.

Wir erzählen Ihre Story.
Und sorgen für zielgerichtete
Verbreitung auf den Kanälen
von heute.

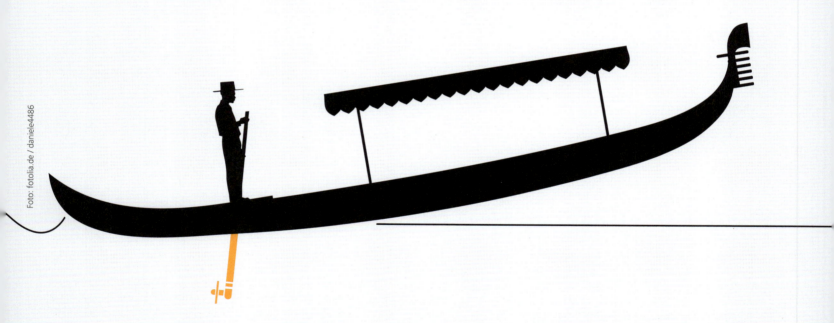

Professioneller Content.
Pressearbeit. Online-PR. Magazin.

Friends PR

friends-pr@friends-media-group.de // Zeuggasse 7, 86150 Augsburg

SCHLOSS BABENHAUSEN

Das Fuggerschloss in Babenhausen ist das beherrschende Merkmal der Ortschaft im schwäbischen Landkreis Unterallgäu. Anton Fugger hat es 1539 erworben und vom Augsburger Baumeister Quirin Knoll zwei Jahre später grundlegend renovieren und umgestalten lassen. Schlossanlage und Kirche St. Andreas fügte er zu einem beeindruckenden Baukomplex zusammen. Das Schloss beherbergt u. a. das Fugger-Museum, das sich bis zum 2. Weltkrieg in Augsburg befand. In zwölf Räumen gibt es Einblicke in die Geschichte der Patrizierfamilie.

AM FASZINIERENDSTEN FINDE ICH, WIE INNOVATIV JAKOB FUGGER AUF ALLEN EBENEN WAR UND WIE ER STETS ÜBERLEGTE, WAS ER VERÄNDERN KANN.

«

Wie ist das, wenn man den berühmten Namen Fugger trägt? Wie begegnen einem die Menschen?

Also in der Schule war das eigentlich kein Thema. Erst als mich die Lehrer mal baten, bei einem Besuch in der Fuggerei die Führung zu übernehmen, kam da so eine Art Aha-Erlebnis. In den USA und England musste man meist mit einem Schmunzeln die Aussprache korrigieren. Andere wieder wussten es einzuordnen, aber ich kann mich an keine Reaktion erinnern, die mir unangenehm gewesen wäre.

Dann ist der Name also keine Last für Sie, sondern eher Antrieb?

Ich denke, jeder von uns Geschwistern hat das sozusagen mit der Muttermilch aufgesogen, die Verantwortung mitzutragen und etwas für die Stiftung einzubringen. Das tut jeder gerne und aus tiefster Überzeugung. Meine zusätzliche Dimension ist, dass mein Vater mich bat, für unsere Generation die Verantwortung zu übernehmen. Es ist eine große Herausforderung, den Wirtschaftsbetrieb effizient zu führen, um den kulturellen Erhalt zu decken. Ob ich das schaffe, kann ich erst in 30 Jahren beantworten. Schloss Babenhausen ist ein Beispiel: Um die Anlage zu erhalten, sind enorme Mittel nötig. Dazu gilt es ökonomische Werte zu schaffen, aber man braucht auch Überzeugung und Herzblut. Das macht man nicht mal so nebenbei.

Was beeindruckt Sie an Ihrem Urahn Jakob Fugger »der Reiche« am meisten?

Am faszinierendsten finde ich, wie innovativ er auf allen Ebenen war und wie er stets überlegte, was er verändern kann. Zum Beispiel: Kommunikationspolitik als Bestandteil meines Wettbewerbsvorteils – wie nutze ich das? Oder die Entwicklung des Pumpenrads: Ich muss in Technik investieren, um Bergwerke effizienter betreiben zu können. Und dass er am Ende erkannte: Es geht auch darum, etwas zurückzugeben, und dies tat er in einem relativ großen Ausmaß. Heute gibt es neun Fuggersche Stiftungen. Die wichtigsten sind die von Jakob Fugger: die Fuggerei, St. Moritz und St. Anna.

Empfinden Sie eine Art Verbundenheit, wenn Sie Jakob oder Anton Fugger in Bildern oder Texten begegnen?

Die Verbindung definiert zum großen Teil meinen Aufgabenbereich. Wir überlegen ja immer: Was war der Stifterwille, was steht im Stifterbrief? Da ist man dann sehr nah dran an den Urahnen und versucht, deren Intention nach bestem Wissen und Gewissen umzusetzen. Aber ich denke, jeder Augsburger hat eine besondere Verbindung und einen gewissen Stolz auf dieses Gesamtgefüge.

Gibt es etwas, für das Sie brennen? Für ein Hobby vielleicht?

Ich brenne für viele Sachen: Wellenreiten, Musik – vor allem aber für diese Aufgabe, sonst könnte ich sie nicht machen. Ich habe mich vor sieben Jahren dafür entschieden, meinen bisherigen Weg abzubrechen und meine Zelte hier neu aufzubauen. Bei dieser Arbeit ist das Berufliche ja wahnsinnig eng verbunden mit dem Familiären und den Stiftungen. Beruf und Privatleben lassen sich gar nicht so richtig trennen. So etwas muss im Gesamtverbund Spaß machen, sonst geht es nicht.

Eine letzte Frage: Wie hat Ihnen das Fugger und Welser Museum gefallen?

Das ist toll umgesetzt und ich werde sicherlich ein weiteres Mal herkommen, um mir die Einzelheiten in Ruhe nochmal anzuschauen. Ich denke, Museen müssen heute eine andere Sprache finden, vor allem, wenn man jüngere Zielgruppen erreichen will. Nur mit dem Betrachten von Exponaten in Schaukästen geht das nicht mehr. Eine historisch vorgebildete Zielgruppe hat da vermutlich andere Bedürfnisse, aber dazu gibt es ja auch verschiedene Möglichkeiten – zum Beispiel unser Fugger-Museum im Schloss Babenhausen, die Fuggerei oder die Badstuben in den Fuggerhäusern.

Graf Fugger, wir bedanken uns für dieses Gespräch! 🎺

Auf der »La Santa Trinidad« segelte Philipp von Hutten im Auftrag der Welser nach Südamerika.

AUF DEM SCHIFF NACH INDIEN

Die Fugger und Welser und der Überseehandel

»

DIE DEUTSCHEN KAUFLEUTE WAREN VORSICHTIG GEWORDEN.

«

Mit Ideenreichtum und Finanzkraft konnte man neue Märkte erschließen. Jenseits von Konkurrenzdenken kooperierten dabei Fugger und Welser bereits Anfang des 16. Jahrunderts. Doch wie wagnisreich waren die weltweiten Expansionen der Augsburger? Welchen Erfolg versprachen sie?

VON DR. MAXIMILIAN KALUS

Den größten Teil des Jahres 1515 verbrachte Tomé Lopes in Augsburg. Von dort berichtete der Portugiese seinem König, Dom Manuel I. von Portugal: »Es gibt nichts, worüber die Herren und Völker häufiger sprechen als über die Eroberungen Eurer Hoheit.«

Tatsächlich beschäftigte die Entdeckung der Seeroute nach Indien 1498 die gelehrten Kreise Europas. Den Portugiesen gelang es überwiegend mit Gewalt, eine Kette von Stützpunkten und Niederlassungen bis nach Indien zu errichten. Das Ziel war, die traditionelle Pfeffer- und Gewürzroute über Ägypten und die Levante auszuhebeln und das Geschäft nun über Portugal abzuwickeln.

Was aber machte ein Portugiese in der Lechstadt? Tomé Lopes war Leiter der Feitoria de Flandres und vertrat Portugal politisch und wirtschaftlich in Nordeuropas Handelszentrum Antwerpen. Kurz: Er war einer der leitenden Beamten seines Königs. In Augsburg traf er nicht nur den Kaiser, sondern auch die Fugger, Welser und Höchstetter. Überliefert sind langwierige Verhandlungen zwischen Tomé Lopes und Jakob Fugger. Der Auftrag des Portugiesen lautete, die deutschen Kaufleute zur Lieferung von Kupfer zu bewegen und im Gegenzug Pfeffer als Bezahlung anzunehmen. Zumindest wollten die Portugiesen Sonderkonditionen für große Mengen Kupfer für sich erwirken. Die Verhandlungen zogen sich über Monate hin, ohne dass eine Einigung erzielt werden konnte. Enttäuscht reiste Lopes im Spätsommer ab. Die deutschen Kaufleute waren vorsichtig geworden, denn die Portugiesen hatten sich nicht als vertrauenswürdige Geschäftspartner erwiesen.

Tausche Kupfer gegen Pfeffer!

Vorangegangen war ein Coup: 1505 beteiligten sich süddeutsche und italienische Kaufleute an einer Expedition nach Indien. Während die Italiener über Know-how verfügten, besaßen die Deutschen etwas von größtem Wert für die Portugiesen: Kupfer. Die Portugiesen hatten bei ihren ersten Fahrten nämlich feststellen müssen, dass die fortschrittlichen Asiaten von europäischen Waren wenig beeindruckt waren. Lediglich Kupfer war Mangelware. Also setzte sich Kupfer als Tauschobjekt für Pfeffer, Ingwer, Muskat, Nelken und Seide durch. Und die

Kupferproduktion kontrollierten Anfang des 16. Jahrhunderts wenige oberdeutsche Firmen wie die Welser und Fugger. Die Firmen witterten ihre Chance, sich direkt am Asienhandel zu beteiligen und satte Gewinne einzustreichen. Folglich beteiligten sich die Welser mit 20.000 Cruzados an dem Unternehmen, während die Fugger vorsichtiger waren und lediglich 4.000 Cruzados beisteuerten. Außer diesen beiden Firmen waren noch die Augsburger Höchstetter und die beiden Nürnberger Firmen Imhoff und Hirschvogel am Geschäft beteiligt.

Menschen mit Edelsteinen in den Haaren

Die Flotte verließ Lissabon im März 1505. An Bord waren auch einige Deutsche, unter ihnen Balthasar Sprenger. Seine Reisebeschreibungen wurden 1509 gedruckt und nach Sprengers Angaben von Hans Burgkmair d. Ä. mit Holzschnitten ausgeschmückt. Der Bericht erzählt von den Gefahren der Seefahrt, den Stürmen und Krankheiten an Bord. Sprenger selbst musste eine Nacht an die Pumpen, als sein Schiff Leck schlug. Gleichzeitig sind seine Schilderungen voll von den Wundern, die er auf der Reise erblickte: fliegende Fische, Wale, dunkelhäutige Menschen in Afrika, die auf breiten Lederriemen gingen und Edelsteine im Haar trugen. Auch von der Eroberung von Mombasa ist die Rede. Sprenger scheint selbst an den Kämpfen und der Plünderung der reichen ostafrikanischen Stadt beteiligt gewesen zu sein.

Auseinandersetzungen gab es auch nach der Ankunft in Indien. Die Portugiesen machten sich mit ihrem kriegerischen Vorgehen nicht unbedingt Freunde. Immerhin einige Herrscher in Südwestindien hatten sich mit den Portugiesen verbündet und in Cochin wurde der größte Teil des Pfeffers eingeladen. Burgkmaiers Holzstich des Königs von Cochin ist ein eindringliches Beispiel davon, wie sich Europäer damals Inder vorstellten.

Zuviel Ärger mit deutschen Investoren

Die Reise wurde ein voller Erfolg. Nach Abzug aller Kosten fuhren die Kaufleute einen Gewinn von mindestens 150 Prozent ein. Doch die Freude war nicht von Dauer: Noch während die Flotte von 1505 in Indien war – Hin- und Rückreise dauerten immer zwei Jahre –, beteiligten sich die Deutschen unter der Führung der Welser erneut an einer Expedition. Die Indienflotte von 1506 hatte jedoch weniger Glück als ihre Vorgängerin, denn zwei der drei Schiffe der Kaufleute sanken auf der Rückreise. Die Ladung konnte letztlich zwar gerettet werden, doch in der Zwischenzeit kam es durch das Überangebot von Gewürzen in Europa zu einem Preisverfall. Pfeffer konnte nur noch zu einem Viertel seines ursprünglichen Preises verkauft werden. Um den Preis zu stabilisieren, sperrte der König das Warenlager für Gewürze und gab diese erst nach und nach frei. Die Kaufleute konnten ihre Gewinne somit nicht sofort realisieren und die Investition amortisierte sich erst nach Jahren. Wenig überraschend kam es daher zum Streit und die Sache ging vor Gericht. Am Ende entschied Manuel I., zukünftig keine deutschen Investoren mehr an Fahrten nach Indien zu beteiligen: Zu viel Ärger!

Ganz ohne die Deutschen kam die portugiesische Krone jedoch auch nicht aus: Das Kupfer musste sie nach wie vor von Gesellschaften wie die der Fugger und Welser kaufen. Deshalb wurde Tomé Lopes 1515 nach Augsburg entsandt, um mit den Kaufleuten zu verhandeln. Die Fronten blieben jedoch relativ verhärtet. Dennoch hatten sowohl Portugiesen als auch Deutsche in der Zwischenzeit eine Art Kompromiss gefunden: In Antwerpen kauften Portugiesen von Deutschen Kupfer und Deutsche von Portugiesen Pfeffer – ganz ohne lästige Direktverhandlungen. Auch deshalb scheiterte Tomé Lopes in Augsburg am Ende.

In den Fußstapfen von Magellan

Die Beteiligung an Gewürzflotten blieb für Welser und Fugger letztlich nur eine Episode. Beide Firmen beteiligten sich zwar 1525 noch einmal an einer Expedition, diesmal unter spanischer Flagge. Die zweite Molukken-Expedition (die erste war jene von Magellan) sollte um Amerika herum zu den Gewürzinseln im heutigen Indonesien segeln und dort Nelken und Muskat ankaufen. Das völlige Scheitern der Fahrt war ernüchternd. Die Fugger verzichteten in der Folge ganz auf den Überseehandel, die Welser richteten ihren Fokus lieber auf ihre Kolonie Venezuela, die sich aber auch als wenig glücksbringend herausstellte.

Erst am Ende des 16. Jahrhunderts gelang eine Neuauflage des Direkthandels: In den Jahren 1586 bis 1591 beteiligten sich noch einmal Fugger und Welser an Indienflotten. Noch einmal reisten Deutsche nach Asien. Noch einmal gab es Streit mit der Krone um den Verkauf der Gewürze. Und noch einmal wandten sich die Oberdeutschen ab vom risikoreichen Asienhandel und konzentrierten sich stattdessen lieber auf weniger spekulative Geschäfte. 🦂

HANDELSWEGE NACH INDIEN
- ● Knotenpunkt des Handels
- Handelsroute
- -- zur See
- — zu Land

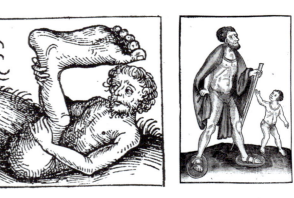

LINKS: *Die Hartmann-Schedelsche Weltchronik (1493) orientiert sich bei der Darstellung der Inder noch an der Vorstellung, dass Indien ein Ort wäre, bevölkert von ungeheuerlichen Monstern.*
RECHTS: *Darstellung eines Einheimischen im Reisetagebuch Balthasar Sprengers (1509).*

SCHWEBENDE EINBLICKE

Die Badstuben in den Fuggerhäusern

Zodiakussaal: Details der Wanddekoration.

> *Die Badstuben sind eine kunsthistorische Sensation*
> *des 16. Jahrhunderts, die im Zweiten Weltkrieg*
> *stark beschädigt und in letzter Sekunde durch*
> *aufwändige Restaurierungsmaßnahmen gerettet*
> *wurden. Die Besucherzahlen sind streng reglemen-*
> *tiert, das Raumklima des wertwollen Kleinods ist*
> *zu sensibel. Doch in der Loggia macht eine multi-*
> *mediale Rauminstallation die Badstuben erlebbar.*

VON SHAHAB SANGESTAN

Schlendert man durch die Maximilianstraße, entgeht kaum einem Besucher die Dominanz der Fuggerhäuser. Auch heute noch ist der 1512 entstandene Gebäudekomplex einer der längsten auf Augsburgs Kaisermeile. Zu seiner Entstehungszeit vor 500 Jahren war das Mauerwerk mit aufwändigen Malereien geschmückt. Heute zeigt sich die Stirnseite in Richtung Maximilianstraße eher schlicht, doch dahinter verbirgt sich die Pracht der historisch erhaltenen Räume und Höfe jenseits der Fassade.

Eine Insel der Ruhe

Treten Besucher nach dem Durchgang in den Zofenhof der Fuggerhäuser, verblüfft die plötzliche Stille, die ganz im Gegensatz zum lauten Trubel auf der Maximilianstraße steht. In dieser Oase der Ruhe tauchen die Besucher in längst vergangene Zeiten ein, als die Köpfe des Fuggerschen Finanzimperiums innerhalb dieser Gemäuer über

globale Belange berieten und entschieden. Nach kurzem Verweilen im Serenadenhof weckt die einladende Harmonie der mediterran anmutenden Architektur des 16. Jahrhunderts die Neugierde der Gäste, das Innere der Fuggerhäuser zu entdecken.

Die Badstuben erleben

Ab dem 12. Juni 2015 kann ein besonders exquisites Schmuckstück der Fuggerhäuser unter limitierten Auflagen und nur mit Voranmeldung besichtigt werden: die Badstuben. Die Badstuben sind ein Gesamtkunstwerk der Renaissance, das auf Initiative von Hans Fugger (1531 – 1598) zwischen 1568 und 1573 im Parterre des mehrgeschossigen Erweiterungsgebäudes der Fuggerhäuser zum Zeughausplatz hin errichtet wurde. Die aus zwei Räumen bestehenden Badstuben, Musensaal und Zodiakussaal, stechen weniger durch die äußere Architektur als durch ihre außergewöhnlich kunstvolle Ausstattung hervor. Hans Fugger beauftragte für die Gestaltung der Räume, die wahrscheinlich als Sammlungskabinette, Bibliothek oder Studiolo gedacht waren, Maler und Bildhauer aus Italien sowie einheimische Kunstschreiner. Die Vielfalt des Bildprogramms spiegelt die aktuelle Auseinandersetzung der italienischen Kunst im 16. Jahrhundert mit den Zeugnissen der Antike wider. Büsten von römischen Kaisern und antiken Philosophen, Darstellungen von idealen Landschaften und Tierkreiszeichen, sowie personifizierte Jahreszeiten und Götter der griechisch-römischen Mythologie bilden den Kern der Wandgestaltung, umgeben von floralen Ornamenten, von Fabelwesen und von maskenhaften Erscheinungen. Wahrscheinlich ist das Bildprogramm die Ursache für die sich in der Folgezeit fälschlicherweise etablierende Bezeichnung als Badestuben.

Beide Räume wurden im Zweiten Weltkrieg schwer beschädigt und zwischen 1996 und 2012 aufwändig konserviert und restauriert. Die Sensibilität des Raumklimas lässt daher nur einen Besuch der Badstuben in begleiteten Gruppen zu. Die Anzahl der wöchentlichen Führungen ist ebenfalls limitiert.

Multimediales Leben für die Loggia

Aus diesem Grund wird in der Loggia der Badstuben eine Dauerausstellung präsentiert, um Besuchern die Geschichte der Badstuben ohne Einschränkung zugänglich zu machen. So wie einst Hans Fugger die Kunst der Antike durch die Künstler seiner Zeit interpretieren ließ, schlug man auch heute einen innovativen Weg der Kulturvermittlung ein: Eine multimediale Raumgestaltung in der Loggia der Badstuben bringt den Besuchern sowohl die Badstuben als auch das Handeln und Wirken der wichtigsten Persönlichkeiten der Fugger im 16. Jahrhundert näher. Dazu übertrug die Medienagentur LAB Binaer die visuellen und thematischen Inhalte der Badstuben auf eine durch den gesamten Raum der Loggia *schwebende* Installation. Zwei weitere interaktive Stationen zum Handeln und Wirken der Fugger vervollständigen die interaktive Schau. Lassen sich Besucher nach so vielen Eindrücke aus der Vergangenheit auf der Bank in der Loggia nieder, bekommen sie sogar virtuellen Besuch: Auf den Sitzplätzen werden per Beamer die Daten historischer Persönlichkeiten eingeblendet, die einmal in den Badstuben bei den Fuggern zu Gast gewesen sind. ❧

Zodiakussaal: Detail der Wanddekoration.

**AUSSTELLUNG IN DER LOGGIA
ÖFFNUNGSZEITEN**
Di – Fr: 13.00 – 16.00 Uhr
Sa – So: 10.00 – 16.00 Uhr
Montags geschlossen

Eintritt: 2 Euro
Der Eintritt ist im Fugger Kombi-Ticket
inbegriffen.

DIE BADSTUBEN
Die historischen Räume sind nur im
Rahmen einer Führung zugänglich.
Führungsgebühr: 50 Euro zzgl.
2 Euro Eintritt pro Person
Teilnehmerzahl: max. 20 Personen
Tel.:   0821 – 50 20 73
www.augsburg-tourismus.de

Zodiakussaal: Deckenfresko und Details.

ZU MEINEN ENGSTEN PARTNERN ZÄHLT DAS KAISERHAUS.

«

JAKOB FUGGER
(…in den Mund gelegt.)

» BEREITS UNTER MEINEM VATER ANTON BESASSEN WIR EUROPAWEIT ÜBER 30 NIEDER-LASSUNGEN.

«

BARTHOLOMÄUS V. WELSER
(…in den Mund gelegt.)

JAKOB FUGGER:
Ja ja, mein Lieber, in dieser Stube wird nicht nur mit Pfeffer, Silber und Kupfer gehandelt. Hier werden auch Schlachten entschieden!

BARTHOLOMÄUS WELSER:
Erzähl! Mach's nicht so spannend!

Dann hör gut zu: Der Kaiser hat den König von Frankreich besiegt! In einer Schlacht bei Pavia, und jetzt, stell Dir vor, ist er der Gefangene des Kaisers!

Teufel noch mal. Wann ist das passiert?

Vor drei Tagen. Gerade eben hat mir mein Bote die Nachricht gebracht. Selbst Kaiser Karl weiß noch nichts von seinem Sieg.

Nachrichten-Systeme

Bist ja eigentlich ein sparsamer Mann, Jakob Fugger – aber schnelle Nachrichten, die lässt Du Dir was kosten!

Natürlich. Weil es sich auszahlt. Wenn es sehr schnell gehen muss, zahle ich jede Stunde ein neues Pferd und einen neuen Reiter. Nur der Brief bleibt der gleiche.

Du nimmst also nicht nur die Postreiter der Herren von Taxis, sondern hast auch Deine eigenen Boten.

EIN FIKTIVER DIALOG
JAKOB FUGGER UND BARTHOLOMÄUS V. WELSER IM GESPRÄCH

Sie waren Konkurrenten. Aber wenn es nötig war, kooperierten Jakob Fugger und Bartholomäus V. Welser auch. Ein fiktiver Dialog erzählt, wie es sich hätte abspielen können.

DIALOG: DR. JÖRG DENZER

LINKS: *Die »Goldene Schreibstube« ist ein Nachbau des historischen Firmenzentrums der Fugger. Hier treffen sich Bartholomäus V. Welser und Jakob Fugger »der Reiche« zum Dialog. Der Besucher kann dieses Gespräch beeinflussen und bestimmte Themenbereiche nachfragen. Die holografieähnliche Projektion lässt die Personen scheinbar wirklich im Raum stehen.*

Richtig. Mit so einem schnellen Brief habe ich die Schlacht von Pavia sogar entschieden. Dem Kaiser wollten seine Söldner nämlich schon davonlaufen. Und zwar ganz kurz vor dem Kampf, es war eine Frage von Stunden, und der Kaiser hätte Italien verloren. Der Wechsel, mit dem ich den Söldnern ihr Geld garantierte, kam gerade noch rechtzeitig in Pavia an.

Ist ja nicht das erste Mal, dass wir dem König von Frankreich sauren Wein einschenken...

... Jawohl! Erst vor sechs Jahren haben wir ihm die Wahl verdorben...

... und mit unsrem Geld – statt ihm – den spanischen König Karl zu unserem König und Kaiser gemacht.

Teufel nochmal, aber so viel Geld! Damit die Kurfürsten ihn auch wählen... Geld für Karls Armee und Geld für seine Verwaltung...

... und Geld für seine alten Schulden. Mir wird immer noch ganz schwindlig wenn ich daran denke, wie viel wir aufgebracht haben! Mehr als 850.000 Gulden!

Kaiserwahl

Du sagst immer »Wir«! Das meiste Geld habe ich aufgebracht. 550.000 Gulden vom Fugger, nicht mal 150.000 vom Welser. Ich bin der erste Bankier des Kaisers. Unter dem alten Kaiser, Maximilian, habt ihr Welser ja noch mehr Einfluss gehabt, aber der neue Kaiser verlässt sich letztlich auf mich und nicht auf Dich.

Du vergisst, dass ich die Darlehen von den italienischen Banken rückfinanziert habe, das sind nochmal 150.000 Gulden. Also 300.000 vom Welser. Aber eines muss Dir der Neid lassen, als der alte Kaiser gestorben ist, wusstest Du, was Du wolltest: unseren Platz am Hof einnehmen – auf einmal standen die Berater Karls auf Deiner Seite. Sogar seine Tante, die Erzherzogin Margarete, hat für Dich gestimmt.

Mhm. Und ich musste mir sehr sehr viel Geld von anderen Handelsgesellschaften leihen.

Ja, diese Lust zum Risiko kannte ich gar nicht von Dir. Aber »erster Bankier« bist Du nicht. Der Kaiser hat bis jetzt das Geld von uns beiden gebraucht, und er wird es weiter brauchen. Und das wird noch in die Millionen gehen. Du weißt das selber nur zu gut.

Ja, ja... der Kaiser braucht unser Geld, ... und wir sind auf seine Zahlungsmoral angewiesen.

Ich weiß..., aber anders kann man halt nicht vernünftig Handel treiben. Ein Kaufmann muss halt auch *politisch* handeln und

Genau – Wir sind unentbehrlich geworden für den Kaiser. Er ist süchtig nach unserem Geld, das wir ihm überall ... in jeder Höhe ... und sofort zur Verfügung stellen – und er überlässt uns dafür die Einkünfte seiner Länder und lässt uns in seinem ganzem Reich Handel treiben. Manche glauben ja schon, dass überhaupt nur WIR noch Handel treiben dürfen.

... So ist's, Karl braucht uns, gibt uns und nimmt uns vor allen in Schutz.

Ja, vor Leuten wie diesem ... Martin Luther. Als »verdammte Fuggerei« hat er uns beschimpft, als Monopolisten. Eine Monopolklage hatten wir am Hals – das hätte gefährlich werden können! ...

Monopol

Mein Schwager, der Konrad Peutinger, hat uns da ja Gott sei Dank gerettet. So ein Doctore und gelehrter Mann ist schon was wert, vor allem, wenn er auch noch Kaiserlicher Rat ist.

**»Nur der Brief bleibt der Gleiche«,
sagt der Fugger.**

DIE
MS-SCHREIBSTUBE

steht zwar nicht in Augsburg, aber direkt
vor den Toren der Fuggerstadt in Neusäß.
Und in der »MS-Stube« wird auch nicht
mit Pfeffer, Silber und Kupfer gehandelt,
sondern Direkt Marketing gelebt.

War das Briefeschreiben vor 500 Jahren
noch mühsam, langwierig, personal-
und kostenintensiv und in der Zustellung
ungewiss, haben Sie heute mit MS all
diese Sorgen nicht mehr.

Ihre MS-Schreibstube für Ihr
Direkt Marketing:

– schnell
– individuell
– Database orientiert
– kostengünstig in Produktion
– optimal im Porto

Clever wie Fugger:
Lassen Sie Ihre Mailings produzieren –
in der MS-Schreibstube!

MS Marketing ServiceS

MS Marketing ServiceS GmbH
Piechlerstraße 3–5, 86356 Neusäß
Telefon: 0821 207940

Jawohl, Zinsnahme und Monopole, das sind gute Sachen, hat er gesagt.

Genau, geht es den großen Handelshäusern gut, so hat er es in seinem Gutachten geschrieben, hat das ganze Volk seinen Nutzen davon. Jedenfalls: Der Kaiser hatte damit ein gutes Argument, uns vor der Monopolklage zu schützen.

Und ich hatte dem Kaiser ja ganz klipp und klar geschrieben: »Es ist auch wissentlich und liegt am Tage, dass Eure Kaiserliche Majestät die Krone ohne mein Zutun nicht hätte erlangen können.«.

Donnerwetter!

Das muss sich erst mal einer erlauben können!

———————————————

Als ob wir auch ohne solche Leute wie Luther nicht schon genug Ärger am Hals hätten. Du kennst das ja...

Oh ja! säumige Schuldner...

Verträge werden nicht eingehalten...

... und zur See Piraten ... ich kenn' das alles nur zu gut...

Aber seien wir ehrlich: ohne Risiko kein Gewinn. Nur der, der ganz vorneweg geht und neue Märkte findet, neue Waren mitbringt, der macht das große Geld! Denk an meinen Vater Anton: (er erzählt noch immer stolz die alte Geschichte) Kaum wurde in Augsburg von »neuer Handelsweg nach Indien« gemunkelt, schon war mein Vater in Lissabon, mit dem König persönlich wurden Verträge geschlossen, und nicht lange hat's gedauert, dann haben wir eigene Schiffe für die Große Ostindienfahrt ausgerüstet. Auch Ihr habt ja noch schnell Geld in dem Unternehmen angelegt – und habt es nicht bereut: Mit Bergen von Pfeffer sind wir zurückgekommen... auch wenn alles um ein Haar schiefgegangen wär.

Weltweiter Handel

Na eben. So glatt lief es ja nicht. Wenn ich mich recht erinnere, hat der König von Portugal die schönen Verträge deines Vaters ja einfach gebrochen, und niemand konnte was dagegen tun. Der Pfeffer durfte gar nicht verkauft werden, war's nicht so?

Der König gab den Pfeffer nur nach und nach frei, es hat viele Jahre gedauert, bis das letzte Korn verkauft war. Aber alles hatte auch einen Vorteil: der Pfeffer-Preis blieb hoch, weil immer nur wenig auf dem Markt war. Unter dem Strich war unser Gewinn dann doch sehr groß.

Weißt Du, wir sollten mal wieder gemeinsam Geschäfte in Indien machen. An Pfeffer denk ich weniger, sondern an mein ungarisches Kupfer...

Ja, warum nicht. Aber was hältst Du von den neuen Ländern im Westen, auf der anderen Seite des großen Meeres? Wenn wir da als Händler vorne weg wären...

Mit euch Welsern wird es noch mal ein schlimmes Ende nehmen – irgendwann seid Ihr zu sehr »vorneweg« und ein See-Ungeheuer wird euch fressen. Wir Fugger beobachten lieber, wie es dem Welser auf dem neuen Handelsweg ergeht. Wenn der Welser Erfolg hat, sind wir gleich als Zweite da. Das lohnt sich mehr auf lange Sicht! Außerdem: Zum Handeln braucht Ihr unser ungarisches Kupfer, und da werdet Ihr uns nie einholen! Denk an unsere neue Schmelztechnik! Auf dieses Geheimnis werdet Ihr in 500 Jahren noch nicht gekommen sein!

Weißt Du, wovon ich mir gerade besonders viel verspreche? Unser Kaiser hat ja nicht genug Geld, um alle seine Schulden an uns zurückzuzahlen. Nun, er wird uns nun wohl oder übel seine Maestrazgos überlassen müssen ...

Die Einkünfte der spanischen Ritterorden? Die gehören mir! Mir schuldet der Kaiser mehr Geld. Lass gefälligst Deine Finger von den Maestrazgos, Welser, sonst verdirbst Du's Dir noch mit mir!

WEISST DU, WIR SOLLTEN MAL WIEDER GEMEINSAM GESCHÄFTE IN INDIEN MACHEN.

«

JAKOB FUGGER
(...in den Mund gelegt.)

Spanische Einkünfte

Na hör mal, Jakob Fugger, es geht um die gesamten Einkünfte der drei großen spanischen Ritterorden.

Ich weiß. Seit zwei Jahren ist Karl Großmeister der drei Orden.

Es geht um riesige Weizenfelder und Olivenhaine. Genug für uns beide.

Ich weiß. Soviel Getreide und Oliven, dass ich sie einlagern und in Mangelzeiten verkaufen kann.

Interaktive Installation: Mit dem Pfeffersäckchen erfährt man mehr.

Da sind auch Bergwerke, denk an die große Quecksilbermine von Almadén.

Ich weiß. Ich brauche das Quecksilber, um das Silber aus meinem Erz zu ziehen.

Lass uns den Maestrazgo doch gemeinsam pachten.

Nein. Nach dem, was ich in Pavia für den Kaiser getan habe, bekommst Du den Maestrazgo erstmal sicher nicht.

———————————————

Werd' doch nicht gleich zornig, Jakob. Lass uns doch zusammen Geschäfte machen! Du hast doch schon als Lehrjunge mit meinem Großonkel Hieronimus in Venedig gearbeitet! Auf Verwandte ist einfach mehr Verlass. Und über die Lauinger sind auch wir verwandt, Jakob Fugger!

Ich pflege sogar meine Nichten auszuzahlen, damit mir meine Schwager nicht ins Geschäft pfuschen.

Wie Du willst. Unser Kaiser wird sicher eine weise Entscheidung treffen beim Maestrazgo...
Ich blicke übrigens schon wieder weiter als Du! Die Neue Welt – das ist der Markt der Zukunft! Ich verrate Dir, was ich mir als nächstes holen werde – eine ganze Provinz in der Neuen Welt – Venezuela nennen sie die. Aber das bleibt erstmal unter uns, Jakob. Ach ja, dem Lazarus Nürnberger muss ich heut noch einen Brief nach Spanien schicken, ich muss gehen, mein Gruß Jakob Fugger.

In die Neue Welt? Dieser Bartholomäus... aber ich werde mal beobachten, wie es ihm dort geht. Wenn's ihm gut ergeht, frag ich den Kaiser auch um ein Land in der Neuen Welt – oder meine Neffen. Ich bin schon 66 und nicht mehr so gesund. Noch gibt es hier viel zu tun, die Schränke und Schubladen quellen über mit Arbeit. Seht euch ruhig in ihnen um!

Die Fuggerei als älteste Sozialsiedlung der Welt erfüllt ihren Zweck noch heute – ganz im Sinne ihres Stifters.

DAS TOR ZUM SEELENHEIL

Wer viel Erfolg hat, der gibt davon ab: Die Verantwortung gegenüber Gesellschaft und bedürftigen Mitbürgern war für wohlhabende Kaufleute schon immer ein Thema.

VON INGRID ERNE

Soziale Verantwortung damals und heute

Das Eingangstor der Fuggerei.

Wenn Kaufleute im Mittelalter und in der Frühen Neuzeit als Stifter auftraten und für die Armen spendeten, so geschah das weniger aus sozialem Gewissen heraus. Vielmehr hofften sie auf diese Weise, Gott ihnen gegenüber gnädig zu stimmen. Denn Darlehens- und Zinsgeschäfte verstießen gegen kirchliches Recht, Habgier galt schließlich als eine der Todsünden. Auch der so genannte Fürkauf wurde als sündiger Wucher gesehen: wenn Händler bewusst große Mengen an Waren aufkauften, um die Güter auf diese Weise zu verknappen und die Preise in die Höhe zu treiben.

Martin Luther gar hatte die großen Handelsimperien seiner Zeit direkt angegriffen, zu denen vor allem die Augsburger Aushängeschilde des deutschen Handelskapitalismus wie Fugger und Welser gehörten: »Sollen die Gesellschaften bleiben, so muss Recht und Redlichkeit untergehen. Soll Recht und Redlichkeit bleiben, so müssen die Gesellschaften untergehen.« Als Konsequenz forderte er die Zerschlagung der großen Familienunternehmen, die laut Luther nichts anderes waren »denn eitel rechte Monopolia.«

Der gute Zweck – eine »Win-win-Situation«

Gleichwohl übernahmen sowohl die Fugger wie auch die Welser soziale Verantwortung. Sie richteten – wenn auch teils aus Besorgnis um ihr Seelenheil – besondere Konten für Almosenzwecke und Stiftungen ein. 1521 stiftete Jakob Fugger der Reiche die älteste Sozialsiedlung der Welt: Die Fuggerei in Augsburg bietet noch heute bedürftigen katholischen Augsburgern Unterkunft für eine symbolische Jahresmiete von 0,88 Euro. Dafür müssen die Bewohner dreimal täglich für die Stifterfamilie beten. Die Fuggerei finanziert sich bis heute ausschließlich aus dem Stiftungsvermögen, das sich aus Immobilienbesitz und Forstwirtschaft speist. Verwaltet wird sie durch die Fürstlich und Gräflich Fuggersche Stiftungs-Administration.

Auch heute tun Unternehmen Gutes. Vielfach ist es Bestandteil der Unternehmensethik, gesellschaftliche Verantwortung zu übernehmen und Sponsoring zu betreiben. Die finanzielle Unterstützung kommt meist sozialen

» STIFTUNGEN SIND BESONDERS NACHHALTIGES ENGAGEMENT. «

und kulturellen Projekten zugute, die ohne solche Förderung oftmals gar nicht zu stemmen wären. Vor allem regional gebundene Firmen engagieren sich für Projekte unmittelbar in der Region. Ganz uneigennützig ist dieser Einsatz freilich nicht – im Sinne einer »Win-win-Situation« soll das Engagement möglichst öffentlichkeitswirksam und positiv auf den Spender zurückstrahlen.

Bayern – ein Stiftungsland

Nach wie vor stellen Stiftungen ein besonders nachhaltiges Engagement dar. Neben sozialen und kulturellen Zwecken fördern sie auch Projekte etwa in Wissenschaft und Forschung, im Sport sowie im ökologischen Bereich. Bayern zählt mit mehr als 3.000 Stiftungen des Bürgerlichen Rechts zu den stiftungsreichsten Bundesländern. Allein in Bayerisch-Schwaben gibt es heute rund 560 Stiftungen – kirchliche Stiftungen ausgenommen – und etwa 250 davon bestehen seit mehr als 500 Jahren. Die Gründungen nahmen in den letzten Jahren sogar kräftig zu: Vom Jahr 2000 bis Ende 2013 konnten im Regierungsbezirk Schwaben knapp 200 Neugründungen verzeichnet werden. Stifter sind vermögende Privatleute und zunehmend auch Unternehmen, Verbände und Vereine sowie Gebietskörperschaften. Wer heute einen Teil seines Vermögens in eine Stiftung einbringt, der hat laut Regierung von Schwaben vor allem im Sinn, »privaten Wohlstand in öffentliches Wohl umzusetzen, um zu helfen und dabei gleichzeitig seine eigenen Ideen ins Werk umzusetzen und auch zu verewigen.«

BEISPIELE FÜR AKTUELLE STIFTUNGEN IN BAYERISCH-SCHWABEN:

FUGGERSCHE STIFTUNGEN

GRÜNDUNG
Die neun Fuggerschen Stiftungen wurden im 16. Jahrhundert durch Jakob Fugger und seinen Neffen Anton Fugger in Augsburg begründet.

ZIELE
Versorgung bedürftiger Bürger mit Wohnraum (Fuggerei) und medizinischen Einrichtungen (Schneid- und Holzhaus). Für das Seelenheil der Stifterfamilie (St. Anna), einer besseren Predigt in Augsburg (St. Moritz) und für Untertanen der Besitzungen (Spital Waltenhausen). Mit Zustiftungen schlossen sich Veit Hörl und Dr. Simon Scheibenhart an, Dr. Johannes Mylius brachte Gelder für eine eigene Stiftung ein. Den Stifterwillen über die Jahrhunderte auszuführen, ist das erklärte Ziel der Fugger-Familien heute.

STIFTUNG KULTURLANDSCHAFT GÜNZTAL

GRÜNDUNG
Im Jahr 2000 durch den Förderverein der Stiftung KulturLandschaft Günztal e.V., Ottobeuren. Der Verein sammelte das Startkapital und hat Firmen und Gebietskörperschaften als Förderer und Unterstützer.

ZIELE
Erhalt der biologischen Vielfalt wildlebender Tier- und Pflanzenarten sowie deren Lebensräume im Günztal durch einen Biotopverbund von der Quelle bis zur Mündung.

FRANK HIRSCHVOGEL STIFTUNG

GRÜNDUNG
2007 durch Dr. Manfred Hirschvogel und die Familiengesellschaften der Hirschvogel Holding GmbH, Schongau.

ZIELE
Die Förderung von Wissenschaft und Forschung, besonders in den Bereichen des Umweltschutzes sowie der technologischen, wirtschafts-, sozial- und bildungspolitischen Grundprobleme der industriellen Gesellschaft. Unterstützt werden vor allem Projekte von Hochschulen und Instituten deutschlandweit. Mit einer ausschließlich gemeinnützigen Erziehungs- und Bildungsförderung werden Schulen und Bildungseinrichtungen sowie besonders begabte Jugendliche in der Region unterstützt.

**MARKETING-
MASSNAHMEN
DAMALS:**

NACHHALTIGE
IMAGEPFLEGE

Kommunikation und »Marketingmaßnahmen« der Fugger und Welser

Klappern gehört zum Handwerk. Diese alte Weisheit galt schon im Zeitalter der Fugger und Welser im 15. und 16. Jahrhundert. Die beiden großen Kaufmannsfamilien haben es hervorragend verstanden, sich entsprechend in Szene zu setzen. Ihre Art der »Imagepflege« wirkt bis heute nach.

OBEN: *Handelszeichen der Fugger (links) und Welser (rechts).*

LINKS: *Die Meilenscheibe diente der Entfernungs-ermittlung. Diese stammt von 1565 und zeigt Augsburg im Zentrum.*

OBEN: *Octavian Secundus Fugger: Aus seinem Nachlass stammen »Fuggerzeitungen«, die der Postreiter transportierte.*

VON DR. WOLFGANG WALLENTA

W as heute mit Begriffen wie *Corporate Identity, Corporate Branding, Corporate Image* oder *Kommunikationsstrategie* bezeichnet wird, beherrschten die Fugger und Welser schon vor 500 Jahren aufs Beste. Beide Handelsgesellschaften führten ein Handelszeichen, die Welser schon seit dem 14. Jahrhundert, die Fugger etwa seit der Mitte des 15. Jahrhunderts. Handelszeichen waren keine heraldischen Zeichen wie etwa Wappen, sondern dienten der Kennzeichnung von Waren. Dennoch wurde das Handelszeichen der Fugger, der Dreizack mit dem Ring, eine Art Ersatzwappen neben dem offiziellen Lilienwappen, das ihnen 1473 von Kaiser Friedrich III. verliehen worden war. Handelszeichen dienten nicht nur der Kennzeichnung von Waren, sondern konnten auf einer Urkunde auch eine Unterschrift ersetzen. Wenn Fugger und Welser gemeinsame Geschäfte machten, wurden auch Handelszeichen verwendet, die aus den Vorlagen beider Handelshäuser zusammengefügt wurden, etwa beim Pfefferhandel der beiden Firmen 1586 / 1592.

Römische Vorfahren als Empfehlung

Die Welser waren sehr stolz auf ihre Herkunft aus dem Patriziat. Doch diese Abkunft genügte ihnen nicht. Um andere Familien an Alter und damit Würde zu übertreffen (*altehrwürdig*), versuchten sie, ihre Herkunft aus der römischen Antike zu beweisen und zu unterstreichen. Kaiser Ferdinand II. bestätigte den Welsern schließlich 1621, dass sie aus einem römischen Adelsgeschlecht stammten und dass einer ihrer Ahnherren der Feldherr Belisar war, der im 6. Jahrhundert unter Kaiser Justinian diente.

Die Fugger konnten mit einer solchen Abkunft nicht glänzen. Jakob Fugger nutzte aber eine andere Form der Selbstdarstellung, um zu demonstrieren, wie reich und wie mächtig die Fugger waren: Kunst und Architektur. In den Jahren 1509 bis 1518 entstand die Fuggerkapelle in St. Anna, die monumentale Grablege des Hauses Fugger – so prächtig, dass selbst der Kaiser nicht über ein solches Mausoleum verfügte. Dann ließ er ab 1512 den riesigen Fuggerstadtpalast an der heutigen Maximilianstraße erbauen und schließlich ab 1516 die Fuggerei, eine Stadt in der Stadt. Wer solche gewaltigen Baudenkmäler errichten konnte, musste ganz oben stehen, so die Botschaft dieser Gebäude.

»Fuggerzeitungen« – Basis für Entscheidungen

Wissen ist Macht. Die Fugger hatten in ganz Europa Handelsniederlassungen. Die Leiter dieser *Faktoreien* waren verpflichtet, in regelmäßigen Abständen Berichte aus ihren Städten an die Zentrale nach Augsburg zu schicken. So waren die Fugger immer aufs Beste darüber informiert, was in allen Teilen Europas und ihren Niederlassungen in allen Teilen der damals bekannten Welt geschah. Aus diesem Wissen konnten sie Entscheidungen fällen, den Kaiser und andere Fürsten beraten. Diese *Fuggerzeitungen* sind für die Geschichtswissenschaft eine Informationsquelle ersten Ranges.

Auch Geschenke gehörten zum Marketing der Fugger und Welser. Der Wert der Geschenke war dabei ein Maßstab für die Wertschätzung des Beschenkten. Die Fugger etwa schenkten Fürsten, Diplomaten, Geschäftspartnern und wichtigen Angestellten kostbare Dinge wie Schmuck, Gemälde, Gold- und Silberschmiedewaren, Perlen, Pferde und anderes. Seit den Zeiten Jakob Fuggers war es den Angestellten der Fugger allerdings verboten, Geschenke von Geschäftspartnern anzunehmen, eine frühe Form der Verhinderung von Bestechung.

»

DIE FUGGER WAREN IMMER AUFS BESTE INFORMIERT.

«

Kunstwerke erhalten das Andenken

Die Anlage von Ehrenbüchern, prächtig verzierten Codices, die die Familiengeschichte erzählten, war ein weiteres Mittel, Rang und Macht in der Augsburger Gesellschaft zum Ausdruck zu bringen. Eine Ausstellung mit dem Titel *Bügermacht und Bücherpracht* 2011 in Augsburg hat die Bedeutung dieser Ehrenbücher für das Repräsentationsbedürfnis und das Selbstverständnis der Fugger und Welser herausgestellt. Die Fugger ließen sich darüber hinaus in einem druckgrafischen Großprojekt, den *Fuggerorum et Fuggerarum imagines*, von den besten Künstlern der Zeit verewigen.

Dem Bedürfnis der Fugger und Welser, sich ins rechte Licht zu rücken, verdankt die Nachwelt eine große Zahl herausragender Kunstwerke, die an diese bedeutenden Familien erinnern.
Diese Form der *Imagepflege* funktioniert also bis zum heutigen Tag. Respekt vor dieser Leistung!

**MARKETING-
MASSNAHMEN
HEUTE:**

KAUFMANNS FAMILIEN 2020

Im Kampf um »Klicks« und »Likes«

Auf der Suche nach der ultimativen Kommunikationsstrategie sind die Kaufmannsfamilien der Gegenwart gepeinigt von der Vielzahl der Vertriebs- und Marketingmöglichkeiten. Die Strategen bemühen sich um den größten Nutzen bei geringstem Einsatz. Sorgfältig formulierte Informationen werden – appetitlich aufbereitet – in die richtigen Kanäle gestreut mit der Hoffnung auf umsatztreibende Nebenwirkungen.

■ VON CARINA ORSCHULKO

Nicht anders erging es den Fuggern. Nur war nicht das Big-Data-Marketing das Mittel der Wahl, also möglichst viele Informationen zu sammeln, um auf Kundenfang zu gehen, sondern die persönliche Präsenz vor Ort und Stelle. Man hatte in ganz Europa Handelsniederlassungen, deren Filialleiter sowohl die lokale Bedürfnislage als auch strategisch wichtige Informationen an die Zentrale in Augsburg *reporteten*. So konnten dort die Strippen gezogen werden, um die Warenflüsse zu kanalisieren.

Das erinnert an die Filialnetze der Gegenwart, die das Warenangebot europaweit verteilen, um es möglichst breit zu streuen. Hier geht es aber nicht mehr primär um einen Nachrichtendienst innerhalb des Unternehmens, sondern um die maximale Streuung der immer gleichen Güter bei den Discounterketten.

Flagshipstore

Eine entgegengesetzte Strategie verfolgen die Luxusmarken. Wer heute mit einer besonderen Niederlassung einen Kulttempel für seine Marke baut, der nennt ihn *Flagshipstore* und geht damit auf die Prachtmeilen der Metropolen Mailand, Moskau und München. So gesehen bei Elektronikmarken wie *Apple* und *Sony* und den Modemarken *Chanel* und *Dior*, um nur einige zu nennen.

Hier ist die Intention, die Macht der Marke zu demonstrieren und dem Kunden das Gefühl zu geben, mit dem Kauf ein Stück dieses Glanzes auf sich selbst strahlen zu lassen. Für nicht Wenige hat sich die Identifizierung mit der Marke zum Suchtfaktor entwickelt. So weit wurden die Fugger'schen Handelszeichen sicher nicht stilisiert, aber auch sie waren wichtig für die Identifizierbarkeit der Ware und für ein verlässliches Qualitätsversprechen.

Corporate Design für das Richard Wagner Museum Bayreuth.

FLAGSHIPSTORES DEMONSTRIEREN DIE MACHT DER MARKE.

«

Das Lebende Buch® von LIQUID *im* DRIVE *Volkswagen Group Forum in Berlin.*

Compliance

Bei den Fuggern lesen wir, waren Geschenke zum Erhalt der Geschäftsfreundschaft erst beliebt und dann verboten. Fugger hätte sicherlich versucht, mit einem wertvollen Geschenk – heute vielleicht mit einer Rolex – bei seinem Geschäftspartner einen bleibenden Eindruck zu hinterlassen.

Das war bis vor wenigen Jahren üblich im Großkundengeschäft. Als öffentlich bekannt wurde, dass Flugreisen und Millionenkonten bei Geschäftsabwicklungen hoch im Kurs standen, wurde diesen Auswüchsen mit Richtlinien zur *Compliance* – also zum geregelten, richtigen Verhalten – der Nährboden entzogen. Heute ist es unangebracht und wird mit saftigen Geldstrafen belegt, wenn man den in Compliance-Handbüchern nachlesbaren Aktionsradius überschreitet.

Corporate Social Responsibility

Kaufmannsgeschick zeigt sich heute wie damals jedoch nicht nur im sensiblen Kundenumgang, sondern auch in der subtilen Darstellung des eigenen Wohlergehens. Fugger hatte genug erwirtschaftet, um sich prächtige Renaissance-Bauten zu leisten, die von den besten Handwerkern Italiens ausgestattet wurden.
Parallel dazu baute er eine Wohnsiedlung für Bedürftige, die *Augsburger Fuggerei*. Somit konnte er seinem Image der Geschäftstüchtigkeit die Barmherzigkeit an die Seite stellen.
Heute sprechen Unternehmer von *Corporate Social Responsibility*. Sie stiften Geld für die Sportjugend oder unschuldig in Not geratene

KLvB

Schönheit & Anmut

KÖNIGLICHE
BETT- & BADKULTUR

Mitbürger, setzen sich für regionale Anliegen oder Maßnahmen zum Umweltschutz ein.

Der gute Ton eines Unternehmens zeigt sich heute, indem die Führung Verantwortung für Haus und Umfeld übernimmt, was zu einer positiven Außenwahrnehmung führt. Hat sich nicht auch unser Bild von Bill Gates gewandelt, seit er und seine Frau weltweit Milliarden US-Dollar in Gesundheitsprojekte investieren?

Werkzeuge des Managements

Im Grunde nutzen wir heute identische Maßnahmen im Marketing wie die Fugger und Welser, nur haben sie neue Etiketten erhalten. Wir verwenden mehr differenzierendes Wortmaterial und kommunizieren in deutlich mehr Kanälen sich oft wiederholende Botschaften. Die Koordination eines globalen Unternehmens mittels strategischem Schriftverkehr und persönlichen Terminen haben die Fugger noch mit einer kleinen Mannschaft von Boten und einem Schubladenschrank mit zwölf Fächern hinbekommen. Das ist heute nicht mehr von einer Person und einem Schrank zu bewältigen.

Die Werbemaßnahmen werden immer subtiler und höchst individuell auf die passende Zielgruppe zugeschnitten. Wir kommen den Wegelagerern und Zeitfressern nicht mehr aus, die uns verführen, ihre *Follower* zu werden.

Heute benötigt ein Unternehmen einen Managementstab mit externen Beratern und Fachkräften als Lotsen durch den Dschungel der Marketingmaßnahmen. Es braucht Helfer, die Botschaft gut zu formulieren, sich vom Mitbewerber abzugrenzen und Produkte und Unternehmen vor dem Kunden gut dastehen zu lassen. Denn erst recht gilt heute: »*Fuggern will gelernt sein.*«

Zwei-Zielgruppenkampagne: Emotionaler Eyecatcher für die Frau – der Mann wird textlich angesprochen mit Selbstbewusstsein und Fakten, um den Anbieter dann wirklich zu wechseln.

»

WERBEMASSNAHMEN WERDEN IMMER INDIVIDUELLER AUF DIE ZIELGRUPPE ZUGESCHNITTEN.

«

Überraschung garantiert: beim Öffnen des Kuverts springt der vorgefaltete Würfel über einen Gummimechanismus in die Würfelform dem erstaunten Leser entgegen. Kunden werden so zur Kontaktaufnahme motiviert.

„*Nur wer die Lektion der Geschichte verstanden hat, kann die Zukunft begreifen*"

AUFWIND steht für Konzepte und Ideen, die Kinder und Jugendliche voranbringen. Unter anderem unterstützen wir die Museumspädagogik im Augsburger „Fugger und Welser Erlebnismuseum". Mehr Infos unter fugger-und-welser-museum.de

Kinder- und Jugendstiftung der

Ś Stadtsparkasse
Augsburg

Wie konnte ein solches Handelsimperium wie das der geschickten Augsburger Kaufmannsfamilien an Bedeutung verlieren? Die Nähe zu den Habsburgern, die ihnen einst zu Privilegien, Reichtum und politischem Einfluss verholfen hatte, wurde ihnen letztlich zum Verhängnis.

ENDE DER FIRMA
WANDEL DER FAMILIE

Anton Fugger (1493 – 1560) von Hans Maier zu Schwaz.

Seit Jahren hatte Anton Fugger versucht, seine Firma abzubauen, den Umfang des Unternehmens einzuschränken, vom immer riskanter werdenden Montan- und Bankgeschäft auf den Erwerb von Grundbesitz, der als sicherste Anlage galt, auszuweichen. Zumindest wollte er nichts mehr investieren, beispielsweise in neue Silberminen in Spanien. Schon spielte er mit dem Gedanken, die Firma aufzulösen. *»Ich habe gar keine Lust zu solcher Handlung, also genug davon!«*

Die Unlust wurde durch den Regierungsantritt der Erben Karls V. verstärkt. Mit Ferdinand I. hatte er sich immer weniger verstanden, mit Philipp II. sollte er sich nie verstehen. Zunächst lief das Hofgeschäft weiter, weil auf der in besseren Zeiten eingeschlagenen Bahn nicht angehalten werden konnte. Doch es ging mehr und mehr zu Lasten Fuggers. Im Jahre 1557 stellte Philipp II. Zahlungen aus spanischen Kroneinkünften ein. Fugger musste Geld aufnehmen. Im Jahre 1560 betrugen die spanischen Forderungen der Firma 2.975.797 Dukaten oder vier Millionen Gulden, die niederländischen Forderungen eineinhalb Millionen Gulden.

Erbittert über den bald sprichwörtlich werdenden *»Dank des Hauses Habsburg«*, in Sorge um die Zukunft seiner Firma starb Anton Fugger am 14. September 1560 im Alter von 67 Jahren. Das Geschäft hatte er Erben anvertrauen müssen, die von ihm als nicht besonders geeignet angesehen worden waren: seinem Sohn Markus und seinem Neffen Hans Jakob.

So hatte er verfügt, dass das Geschäft allmählich aufgelöst werden sollte. Der Rückzug aus dem Handelsgeschäft in den Grundbesitz, aus der Geldwirtschaft in die Agrarwirtschaft wurde durch die Wahl der Begräbnisstätte demonstriert: Anton wollte nicht neben Jakob in der Gruft der Fuggerkapelle in St. Anna ruhen, in der Freien Reichsstadt Augsburg, der Basis und der Zentrale des Handelshauses, sondern in der Schlosskirche zu Babenhausen, auf eigenem Grund und Boden, dort, wo für die Fugger die Zukunft lag.

Die Bilanz von 1563 bestätigte den Rückgang des Geschäfts und damit auch den Niedergang des Goldenen Augsburgs. Die politische Bedeutung der Reichsstadt sank, das wirtschaftliche Gewicht nahm ab. Das Schicksal der Reichsstadt war untrennbar mit dem des Reiches verknüpft, das Gedeihen Augsburgs mit dem seiner großen Firmen, vornehmlich der Fugger. Und diese waren mit den Habsburgern aufgestiegen, mussten mit den Habsburgern absteigen.

Der Habsburger Philipp II. von Spanien erklärte mehrfach – 1557, 1575, 1596 – den Staatsbankrott, wodurch er sich vieler Schulden entledigte, Rückzahlungen wie Zinszahlungen einstellte, auch und nicht zuletzt die Fugger schädigte. Ebenso zeigten die österreichischen Habsburger – auf Ferdinand I. folgten Maximilian II. und Rudolf II. – wenig Schuldnermoral. (…)

Der Unabhängigkeitskrieg der Niederlande gegen Spanien ruinierte den nach Antwerpen und Brüssel orientierten Augsburger Handel. Im Jahre 1614 – der Dreißigjährige Krieg und mit ihm die Lähmung des deutschen Wirtschaftslebens stand unmittelbar bevor – brach das Haus Welser zusammen.

»Allein die Fugger erlitten bis zur Mitte des 17. Jahrhunderts bei dem Hause Habsburg Verluste in Höhe von 8 Millionen Rheinischen Gulden, in Spanien mindestens von 4 Millionen Dukaten«, bilanziert der Wirtschaftshistoriker Eckart Schremmer. *»Von 1556 bis 1584 erklärten 70 international bedeutende Augsburger Firmen ihren Bankrott. Das Fuggersche Handelshaus konnte sich zwar noch über den Dreißigjährigen Krieg hinweg erhalten, doch mit der Auflösung des hochverschuldeten Tiroler Bergwerkhandels im Jahre 1657/58 gilt es als erloschen.«*

Aus: Franz Herre, Die Fugger in ihrer Zeit, Wißner Verlag Augsburg, 14. Auflage 2013, Abdruck mit freundlicher Genehmigung des Verlags.

DIE AUTOREN

EVA BENDL ist wissenschaftliche Mitarbeiterin am Lehrstuhl für Bayerische und Schwäbische Landesgeschichte der Universität Augsburg. Ihre Promotion zum Thema »Geschichtsbilder in historischen Museen« hat sie im Februar 2015 mit der Bestnote summa cum laude abgeschlossen. Sie wurde mit dem Förderpreis des Bezirks Schwaben für hervorragende Dissertationen ausgezeichnet.

DR. MAXIMILIAN KALUS ist Informatiker und Wirtschaftshistoriker. Heute arbeitet er als selbstständiger Entwickler und IT-Berater in Kempten. Für seine unter dem Titel »Pfeffer - Kupfer – Nachrichten« erschienene Dissertation über »Kaufmannsnetzwerke und Handelsstrukturen im europäisch-asiatischen Handel am Ende des 16. Jahrhunderts« und die darauf aufbauenden Forschungsziele erhielt er 2012 in Augsburg den »Fuggerpreis für die Wissenschaft«.

SHAHAB SANGESTAN studierte Kunstgeschichte, Philosophie und Klassische Archäologie. Der Kunsthistoriker war als Kurator und Projektleiter bei den Kunstsammlungen und Museen Augsburg tätig. Seit 2015 ist er Referent bei der Landesstelle für die nichtstaatlichen Museen in Bayern.

DR. MARTHA SCHAD lebt als freiberufliche Historikerin und Autorin in Augsburg. Sie beschäftigt sich mit den oftmals als »Fußnote« behandelten Frauen in der Geschichte und hat dazu zahlreiche Bücher veröffentlicht, die in insgesamt 14 Sprachen übersetzt sind. Sehr erfolgreich ist ihre Dissertation »Die Frauen des Hauses Fugger von der Lilie«.

DR. MARTIN TSCHECHNE ist Autor und Journalist. Absolvent der Hamburger Journalistenschule. Als Psychologe promovierte er mit einer Arbeit über Hochbegabte. Die Deutsche Gesellschaft für Psychologie DGPs zeichnete ihn 2012 mit ihrem Preis für Wissenschaftspublizistik aus.

DR. WOLFGANG WALLENTA studierte Geschichte und Politikwissenschaft und arbeitet als Historiker in Augsburg. Für seine Dissertation »Katholische Konfessionalisierung in Augsburg 1548 – 1648« erhielt er 2002 den Förderpreis der Diözese Augsburg. 2007 zeichnete ihn die Società Dante Alighieri in Rom mit dem »Diploma die Benemerenza« für seine langjährigen Bemühungen um den Kulturaustausch zwischen Deutschland und Italien aus.

REDAKTIONSMITGLIEDER

des Magazins TATENDRANG, gegründet 2003:

INGRID ERNE und **HEIKE SIEBERT**, Inhaberinnen der Augsburger Agentur Friends PR, sind u. a. für diverse Kunden- und Mitarbeitermagazine als Journalistinnen und Redakteurinnen im Einsatz.

CARINA ORSCHULKO und **ILJA SALLACZ**, Diplom Designer, sind Inhaber der LIQUID | Agentur für Gestaltung in Augsburg. Ihre im Kundenauftrag realisierten Design-Projekte und Multimedia-Installationen wurden vielfach international ausgezeichnet.

ROBERT M. KIENLEIN betreibt die Direktmarketing-Agentur MS Marketing Services in Neusäß und sorgt für treffsichere Mailing-Aktionen.

HEINZ WALCH ist Seniorchef der Druckerei Joh. Walch. Das Augsburger Traditionsunternehmen besteht seit 1755 und ist eine der ältesten Druckereien Deutschlands in direkter Linie. Heute spezialisiert auf anspruchsvolle Printprodukte.

IMPRESSUM JUNI 2015

HERAUSGEBER:
Friends PR
LIQUID | Agentur für Gestaltung
Druckerei Joh. Walch
MS Marketing ServiceS

ANSCHRIFT:
TATENDRANG
c/o LIQUID | Agentur für Gestaltung
Kohlergasse 20, 86152 Augsburg
Tel: 0821.34 99 90 90
Fax: 0821.34 99 90 93
www.tatendrang.info

REDAKTION:
Friends PR
Zeuggasse 7, 86150 Augsburg
Tel: 0821.4209995
Fax: 0821.4209998
ingrid.erne@friends-media-group.de

GESTALTUNG:
LIQUID | Agentur für Gestaltung
Kohlergasse 20, 86152 Augsburg
Tel: 0821.34 99 90 90
Fax: 0821.34 99 90 93
info@Liquid.ag

DRUCK:
Druckerei Joh. Walch
Im Gries 6, 86179 Augsburg
Tel: 0821.8 08 58-0
Fax: 0821.8 08 58-39
info@walchdruck.de

LETTERSHOP:
MS Marketing ServiceS
Piechlerstraße 3–5, 86356 Neusäß
Tel: 0821.2 07 94-0
Fax: 0821.2 07 94-15
info@ms-direct.de

Ein Beitrag zum Umweltschutz:
Dieses Magazin wurde in der neuen umweltfreundlichen LED-UV-Offset-Technologie gedruckt. Keine Ozonbildung, keine Wärmeentwicklung, keine umweltbelastenden Farbanteile.

Verantwortlich für die Artikel sind die Autoren selbst. Gezeichnete Beiträge geben nicht unbedingt die Meinung der Redaktion wieder. tatendrang erscheint halbjährlich. Für unverlangt eingesandte Manuskripte und Fotos wird keine Haftung übernommen.

Die Zeitschrift und alle in ihr enthaltenen Beiträge und Abbildungen sind urheberrechtlich geschützt. Mit Ausnahme der gesetzlich zugelassenen Fälle ist eine Verwertung einschließlich des Nachdrucks ohne schriftliche Einwilligung des Urhebers strafbar.

FUGGER® ist eine eingetragene Marke der »Die Fugger GmbH, Augsburg«

DANK:
Dieses Magazin wäre nicht entstanden ohne die tatkräftige Unterstützung der Regio Augsburg Tourismus GmbH, Herrn Götz Beck und seiner Kollegin, Frau Wiebke Schreier.

Das Fugger und Welser Erlebnismuseum wurde mit Unterstützung folgender Partner realisiert:

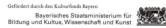